DICIONÁRIO KPOP

ENTENDA COMPLETAMENTE O QUE SEUS ÍDOLOS PREFERIDOS ESTÃO DIZENDO

POR WOOSUNG KANG

O DICIONÁRIO KPOP
Copyright © 2016 por Woosung Kang

Informações sobre pedidos: Descontos especiais estão disponíveis para compras em quantidade para uso educativo, comercial ou de promoção de vendas por instituições acadêmicas, organizações sem fins lucrativos, corporações, associações e entre outros. Para mais informações, entre em contato com o editor no endereço de email a seguir.

marketing@newampersand.com

Impresso nos Estados Unidos da América

ISBN-13 : 979-11-959199-9-4

14 13 12 11 10 / 10 9 8 7 6 5 4 3 2 1

"O DICIONÁRIO KPOP é uma divertida mistura de gírias e provérbios que são encontrados, comumente, em Kpop e Dramas Coreanos, que ajudaram a proporcionar uma base para a compreensão que vai muito mais além de legendas. Assim como uma figura do YouTube, que se focaliza nas constantes mudanças no mundo de entretenimento coreano, eu vejo este livro como um recurso, extremamente útil, para qualquer pessoa interessada em melhorar a sua compreensão sobre os dramas coreanos e Kpop."

\- Stephanie Ishler, Hallyu Back –

Um dicionário da sincera interação humana, da cultura pop coreana e da vida cotidiana de K-POP. É um recurso para os estudantes de idiomas, que estão confusos com o mundo real coreano, é uma ferramenta para entender o mundo de um fã de K-POP. Mas, o mais importante, é uma grande forma de diversão para todos.

Introdução

Olá, fã de K-Pop! Parabéns por sua decisão corajosa de embarcar em uma viagem ao fantástico mundo de K-Pop! Vamos dedicar um instante para compartilhar a alegria: você já escolheu o seu bias favorito e pode dizer quem é o maknae do grupo, certo? Ah, e você deve saber quem está no comando do visual e quem tem o melhor aegyo que derrete o seu coração!

Ok, está bem se você não tem ideia sobre o que eu acabei de dizer, porque essa é, provavelmente, a razão de você ter escolhido ler este livro. Eu o criei para que você possa aprender o vocabulário mais atual que é usado nas letras de K-POP, programas de televisão, K-Dramas e similares.

Como já sugere o título deste livro, ele não é um dicionário comum. Ele foi especificamente criado para explicar o que significam essas palavras em um contexto de K-pop e K-Drama. Estes são como códigos criptografados que somente serão possíveis de compreender se você souber as informações de base, tais como sua origem e como são usados. Sem esse conhecimento, você estará perdendo todas as notícias e novidades que os outros fãs estão dizendo!

Por isso, este livro também inclui alguns exemplos dessas palavras na vida real. Você vai obter uma compreensão completa das palavras e suas informações de base. Assim, você pode utilizar este livro como um guia de referência rápida, cada vez que falar na linguagem K-Pop e K-Drama, ou como referência de estudo através da utilização dos exemplos de conversas, incluídas em cada página. Seja qual for o seu objetivo, esta será uma grande forma de ampliar o seu conhecimento de K-Pop e K-Drama e, ainda, abrir uma janela para o fascinante mundo da cultura coreana!

Você vai perceber que existem muitas variações ortográficas. Apesar do fato de existir um método padrão de romanizar palavras coreanas usando letras latinas, os seguidores e tradutores de K-Pop optaram por usar o que eles acreditam ser apropriado. Essas romanizações foram difundidas através da Internet, tornando-se novos padrões utilizados por todos. Portanto, este livro inclui as versões que são utilizadas popularmente entre os fãs de K-Pop, mas também são fornecidas as grafias em hangeul (alfabeto coreano), então, você sempre pode verificar no caso de querer um esclarecimento e mais detalhes.

Haeng Syo!

5-Year Curse

<u>**Substantivos. "Jinx Por Quê Os Grupos Populares Enfrentam Dificuldades Ou Dissolução Em Seu Quinto Ano"**</u>
Muitos fãs de KPOP, acreditam supersticiosamente que há uma razão para que os grupos populares como H.O.T, Big Bang, TVXQ, Shinhwa e Super Junior, que tiveram má sorte nos últimos cinco anos. Por outro lado, outros foram minimizados como pura coincidência. Acreditam que as pessoas têm o hábito de pegar os acontecimentos comuns e transformá-los em maldições!

아닥 A Dak
(a-dak)

<u>**Frase."Cale A Boca"**</u>
Uma abreviação de "아가리" a ga ri (termo vulgar para "boca") "닥쳐" dak chyeo ("cale a boca"). Essas são palavras de confronto, mas na forma abreviada, essas mesmas expressões são usadas entre amigos e são vistas como uma grande diversão. As abreviações parecem atenuar o signficado.

아점 A Jeom
(a-jŏm)

<u>**Substantivo. "Brunch"**</u>
Uma palavra formada por "아침" achim ("café da manhã") + "점심" jeom shim ("almoço") = "brunch". Algumas pessoas têm uma maneira interessante de distinguir um do outro. Se uma refeição é normal, é "아점", mas se a refeição é digna de uma foto no Instagram, então é um brunch. Isso é devido, em grande parte, à tendência de alguns coreanos em associar palavras inglesas aderidas com estilo.

아놔 A Nwa
(a-nwa)

<u>**Interjeição. "Que diabos..."**</u>
Algo que sai de forma automática da sua boca, quando você está irritado ou com raiva. Na verdade, é a primeira parte da exclamação (por exemplo, "아놔" a nwa "정말" jeong mal ("realmente") "화난다" hwa nan da ("estou com raiva"), ainda que deixe de fora o resto da frase. Irá enviar uma mensagem bem mais clara.

아템 A Tem
(a-t'em)

Substantivo. "Item"
A forma que as crianças e adolescentes falam, especialmente durante o jogo
na Internet.

애빼시 Ae Bbae Si
(ae-ppae-shi)

Frase. "Cheia de Aegyo"
Uma abreviação para "애교" aegyo ("agir encantador") + "빼면" bbae
myeon ("se não") + "시체" shi che ("cadáver"). "Sem aegyo, uma pessoa
é um cadáver" = "Uma pessoa não é nada mais do que aegyo".

애인 Ae In
(ae-in)

Substantivo. "Amante"
Uma palavra formada por duas palavras chinesas "애" ae ("amor") + "
인" in ("pessoa"). A melhor forma de distinguir "애인" de um namorado
/ namorada é lembrar que namorado / namorada pode ser um amante, mas
um amante não necessariamente é um namorado / namorada.

애자 Ae Ja
(ae-ja)

Substantivo. "Deficiente"
Uma palavra formada por dois caracteres chineses, onde "ae" significa
"amor" e "gyo" significa "belo". É uma demonstração de afeto através de
diferentes expressões, como fazer gestos bonitos ou falar como em um
diálogo de bebês. Apesar de estar fortemente associado com traços femininos, os ídolos masculinos do KPOP costumar fazer "aegyo", mas não são
considerados gays.

애교 Aegyo
(ae-gyo)

Substantivo. "Agindo de forma encantadora"
Uma palavra formada por dois caracteres chineses, onde "ae" significa

"amor" e "gyo" significa "belo". É uma demonstração de afeto através de diversas expressões, como fazer gestos bonitos ou falar falar como em um diálogo de bebês. Ainda que sejam fortemente associados aos traços femininos, os ídolos masculinos do KPOP, muitas vezes, apresentam essas afeições, mas não são desaprovados.

애교살 Aegyo Sal
(ae-gyo-sal)

Substantivo. "Parte Inferior Da Pálpebra"
Uma palavra que se refere à pálpebra inferior; Não confundir com as bolsas do olho que ficam abaixo do "aegyo sal" e dão uma aparência de zumbi . A maior "aegyo sal" é comumente alcançada com cirurgia plástica e é feita, geralmente, injetando a sua própria gordura abdominal ou um preenchimento comercial. A crença é que ter um "aegyo sal" mais cheio faz com que os olhos pareçam maiores e jovens.

Age Line

Substantivo. "Grupo De Pessoas Nascidas No Mesmo Ano"
O termo "linha" pode ser traduzido como "grupo" ou "filiação" e quando se combina com o termo "idade", significa um grupo de pessoas que nasceram no mesmo ano. Sempre são agrupados pelos dois últimos dígitos do ano, no lugar de sua idade.

아이구 Aigoo (Aigo)
(a-i-gu)

Interjeição. "Ops"
Uma expressão usada para demonstrar frustração, constrangimento e surpresa. Também é usado quando repreende alguém.

아재 Ajae
(a-jae)

Substantivo. "Alguém / Algo Fora de Moda"
Um dialeto da Província de Gangwon para "아저씨" ajuhssi ("tio"), "homem de meia-idade" ou "homem casado", mas pode ser utilizado para se dirigir a um homem adulto desconhecido. Muitas vezes é traduzido como "mister" em inglês. Recentemente, essa palavra tem tido associada a alguém que é muito arcaico ou fora de moda.

아재 개그 Ajae Gag
(a-jae-gae-gŭ)

Substantivo, Adjetivo. "Piada Ruim"
Uma palavra composta, formada por "아재" ajae ("velho") + "개그" gag ("piadas"). Quando acontece, ele não traz risos, mas sim um desconfortável momento de silêncio. No entanto, não são apenas ajaes que fazem piadas ruins. Independentemente da idade, se alguém não está dentro das últimas tendência e faz piadas velhas, é um ajae.

아줌마 Ajumma (Ajoomma)
(a-jum-ma)

Substantivo. "Mulher Casada Ou De Meia-Idade"
Muitas vezes é traduzido como "madam" em inglês, mas quando é usado em certas situações, sua tonalidade é sutilmente diferente. Por exemplo, se uma mulher jovem e solteira se comporta mal, chamá-la de "ajumma" torna-se um insulto. Isso acontece, porque há conotações negativas associadas a palavra, como sendo agressivo, forte e as vezes egoísta. A característica que mais distintiva de "ajumma" é uma mulher com cabelo permanente, semelhante ao de uma avó. Algumas pessoas acreditam que "ajumma" é um terceiro gênero na Coréia. Você também pode usá-lo para chamar a garçonete em um restaurante.

아저씨 Ajusshi (Ahjussi)
(a-jŏ-ssi)

Substantivo "Homem Casado ou de Meia-Idade"
A contraparte masculina de "ajumma". Esta é uma palavra para um "homem de meia-idade" ou "homem casado", mas pode ser usado para referir a um homem adulto desconhecido. Muitas vezes, é traduzido como "mister" em inglês. O maior insulto seria chamar um homem jovem de "ajusshi", porque isso significa que ele está desatualizado ou antiquado.

악플 Ak Peul
(ak-p'ŭl)

Substantivo. "Comentários Maldosos"
Isso tem sido um grande problema na Coréia, devido aos casos que as celebridades suicidaram depois de serem intimidados pelas pessoas na Internet. Essa também é uma tática usada por alguns fã clubes durante as "fan wars".

알바 Alba (Arba)
(al-ba)

Substantivo "Emprego A Tempo Parcial"
Uma frase abreviada para "arbeit", que é uma palavra alemã para "trabalhar", mas tem sido usada para designar "trabalho a tempo parcial" na Coréia.

올킬 All-kill
(ol-k'il)

Substantivo "Ganhar Em Todos os Principais Sites De Tranferência Direta De Música"
Uma palavra que é usada para descrever um artista ou um grupo que ganhou o primeiro lugar de todos os principais sites de download de músicas (por exemplo, Melon, Soribada, Dosirak, etc) é dito ser um "all kill". É relativamente fácil conseguir um total de acessos nos gráficos diários, mas os gráficos semanais ou mensais são mais difíceis.

안무 An Moo
(an-mu)

Substantivo. "Coreografia"
Um dos vários elementos essenciais (ou seja, um bom "visual", uma atividade de fã agradável, etc.) que um grupo de ídolos deve ter para fazer um álbum de sucesso. Ele é projetado para complementar o "conceito" de seu álbum (por exemplo, "sexy", "inocente" ou "forte"). Alguns dos exemplos mais conhecidos são Wonder Girls 'Tell Me Dance y Crayon Pop "Em linha de 5 cilindros da dança do motor". Um Moo é um fator extremamente importante, que determina o sucesso de um álbum, porque as boas danças nas canções podem fazer uma canção ser viral.

안물안궁 An Mool An Goong
(an-mu-ran-'gung)

Frase. "Eu Não Perguntei E Também Não Sou Curioso."
Uma abreviatura de "안물어봄" an mool eo bom ("eu não perguntei"), "안궁금함" an goong geum ham ("não sou curioso"). Isso é o que você diz para deter alguém que, muitas vezes, publica informações que não foram solicitadas na Internet.

안습 An Seup
(an-sŭp)

Substantivo. "Situação Patética"
Uma abreviatura de "안구에" an goo e ("nos olhos") + "습기" seup gi ("molhados") = "olhos molhados". É a reação natural do seu corpo aos fortes acontecimentos emocionais, como o seu "bias" que vai para o exército ou que não alcança o topo das paradas musicais.

안드로메다 Andromeda
(an-dŭ-ro-me-da)

Substantivo. "Ser Como Um Cabrano"
Isso literalmente significa "enviar o bom senso de uma pessoa para a Galáxia de Andrómeda", refere-se a uma pessoa que não tem a capacidade de tomar boas decisões ou que não é capaz de se comportar de forma prática e sensata. É uma frase muito popular entre a geração mais jovem.

안돼 Andwae
(an-dwae)

Interjeição. "Não Se Pode", "Não Se Pode Fazer"
O seu significado literal é "não, não se pode" ou "não se pode fazer", é frequentemente usado como uma forma de expressar a descrença, o espanto, o medo, o choque ou o desafio, que tem o mesmo efeito que se dizer "de nenhuma maneira!"

Antis

Substantivo. "Anti-Alguém"
Uma frase abreviada de "anti-álguem". Uma pessoa ou um grupo de pessoas que demonstram ter ódio por algum determinado artista ou grupo; principalmente, devido a uma rivalidade constante entre os artistas ou um grupo que gostem. Alguns podem ir longe, através da sabotagem de shows do seu rival ou o envio de pacotes ameaçadores, como facas, bonecas com sangue, etc.

아파 Apa
(a-pa)

<u>Substantivo. "Doer", "Nome Da Música do 2NE1"</u>
<u>Nome da música do 2NE1, que se traduz como "Doer".</u>

군대 Army (Goon Dae)
(gun-dae)

<u>Substantivo. "Serviço Militar Obrigatório Para Homens Corea-</u>
<u>nos"</u>
Refere-se ao serviço militar obrigatório que todos os homens saudáveis e maiores de 20 anos têm que passar. A duração desse serviço é de 21 meses para o exército e de 23 meses para a marinha e a força aérea. Qualquer ídolo do sexo masculino que está no exército, não pode participar de atividades comerciais, como aparecer na televisão ou se apresentar em shows. É também o nome do fã clube BTS (A.R.M.Y = "Adorable Representative M.C for Youth")

ASKY

<u>Frase. "Não Está Acontecendo"</u>
Uma abreviatura de "안" an ("não") "생겨요" saeng gye yo ("~ está acontecendo"). É uma expressão de auto congelamento que é usada em resposta à dolorosa pergunta: "Você tem namorado / namorada?

아싸 Assa
(a-ssa)

<u>Interjeição. "Oh Sim!"</u>
Uma expressão que sai automaticamente da sua boca quando algo está em seu favor, como o seu grupo de ídolos preferido ganha o Dae Sang nos Golden Disk Awards.

바보 Babo
(ba-bo)

<u>Substantivo "Idiota","Tonto"</u>
Não é um termo muito desprentesioso em comparação com outras alternativas possíveis e é também frequentemente usado em ambientes amigáveis.

배고파 Bae Go Pa
(bae-go-p'a)

Frase. "Estou Com Fome"
O termo "배" bae significa "estômago" e "고파" gopa significa "fome". Portanto, se você insere um termo diferente no lugar de "배", significa "algo com fome" = com fome de algo (ou seja, sarang 고파 gopa = "amor esfomeado").

배우 Baewoo
(bae-u)

Substantivo "Ator"
Para uma atriz do sexo feminino, é "여 (yeo) baewoo", já que "yeo" significa "mulher".

베이글 녀/남 Bagel Girl (Nyeo)/Boy (Nam)
(be-i-gǔl nyǒ/nam)

Substantivo "Alguém que tem rosto de bebê com um corpo lindo"
Para os ídolos feminos, "bagel" é uma palavra formada por "(ba)by "(gl) amorous", e pronunciado como "bagel". Aqui, "glamourosa" é usado para designinar "sensual". É um termo utilizado, exclusivamente, para ídolos femininos que possuem um rosto de aparência mais nova e têm um corpo sensual. Para os ídolos masculinos, "glamouroso" torna-se "gladiador".

발연기 Bal Yeon Gi
(bal-lyǒn-'gi)

Substantivo. "Habilidades Ruins De Atuação"
Significa, literalmente, "atuas com o pé", porque a palavra "발" bal ("pé") é usada como um prefixo para se referir a algo de má qualidade. Na indústria coreana do entretenimento, muitos ídolos querem ingressar na carreira de atuação, já que os expõe a maiores oportunidades, como a obtenção de um CF. Enquanto muitos ídolos fizeram essa transição com sucesso, outros têm feito atuações medíocres. Um bom exemplo é Jang Soo-won, um ex-ídolo de Sechs Kies, que ganhou o apelido de "Robot Actor", por seu ruim desempenho na atuação.

발라드 Ballad
(bal-la-dŭ)

Substantivo "Canção Sentimental E Emocional Sobre O Amor"

Um dos gêneros KPOP mais populares, que continua sendo constante nas paradas musicais. Acredita-se que os cantores de baladas têm habilidades de canto melhores que os "grupos de dança". Essa é a razão pela qual os membros de grupos de artistas, que têm grandes desempenhos no canto, escolhem esse gênero quando estão sozinhos e precisam de uma "mudança da imagem".

반대 Ban Dae
(ban-dae)

Substantivo. "Objeção"

Um termo que você deve se familiarizar, se for um ávido fã de K-Drama. Na Coréia, um casal que deseja se casar, deve primeiro buscar a aprovação dos pais de ambas as famílias. No entanto, (para um efeito mais dramático), sempre tem alguém que não gosta da ideia. Algumas das razões são 1) Ele / ela não vem de uma família rica ou 2) O casal é, na verdade, irmão e irmã, separados no nascimento..

반도 Ban Do
(ban-do)

Substantivo. "Coréia"

Um termo da Internet usado, principalmente, pela geração mais nova de internautas. "한반도" falando significa, literalmente, "A península da Co-réia" e "bando" significa apenas "Península". Como não existem muitos países que são penínsulas, os internautas simplesmente o usam para referir à Coréia. É usado mais frequentemente na forma de "반도의" ban do eui ~ something = "something de Coréia". Por exemplo, "반도의 패션 (fashion)" es "fashion de Coréia".

반모 Ban Mo
(ban-mo)

Substantivo. "Falar De Maneira Informal"

Uma abreviatura de "반말 모드" banmal mode (modo informal de falar). Isso ocorre através de um acordo mútuo implícito, (como os participantes são de idades próximas ou desenvolveram um certo nível de proximidade) ou por consentimento (geralmente, o participante mais velho inicia isso e permite que os participantes mais novos continuem).

바나나우유 Banana Milk (Woo Yoo)
(ba-na-na-u-yu)

Substantivo. "Leite Com Gosto De Banana"
Um delicioso leite com gosto de bana coreana, que se tornou muito famoso no exterior graças a um famoso comercial com Lee Min Ho.

반말 Banmal
(ban-mal)

Substantivo. "Falar De Maneira Informal"
Significa, literalmente, "meias-palavras", é uma maneira informal de falar. Ela somente deve ser utilizada por pessoas próximas ou mais novas que você. É extremamente grosseiro quando é usado por alguém mais velho que você ou antes que se tenha estabelecido uma amizade mais próxima. Os estrangeiros, que não estão familiarizados com o idioma coreano, são, em sua maioria, perdoados por cometerem tais erros.

밥 Bap
(bap)

Substantivo. "Comida" ou "Bolsa De Punching"
O significado literal é uma "comida" ou uma "tigela de arroz", mas é usado de forma figurativa para se referir a alguém que é olhado por baixo, como um alvo fácil.

빼박 Bbae Bak
(ppae-bak)

Substantivo. "Entre Uma Rocha E Um Lugar Duro"
Uma situação em que nenhuma das opções disponíveis é aceitável.

뻘글 Bbeol Geul
(ppŏl-gŭl)

Substantivo. "Mensagem Inútil / Sem Sentido De Fórum"
"뻘" bbeol significa "inútil" e "sem sentido", no dialeto coreano, e "글"

geul significa "uma publicação / post". Os usuários que se registraram recentemente nos fóruns da Internet, muitas vezes, escrevem isso para alcançar um certo nível / membresia (por exemplo, novato, junior, sênior, contribuinte, etc.) que é concedido depois de cumprir um determinado limite (por exemplo, 20 postos).

뻥 Bbeong
(ppŏng)

Substantivo. Interjeição. "Fraude"
Um adjetivo usado para descrever o som do estouro de um objeto (por exemplo, um balão), mas é usado, coloquialmente, para se referir a algo que não é verdade ou excessivamente exagerado.

뽀대 Bbo Dae
(ppo-dae)

Substantivo. "Estilo"
Sinônimo de "간지" ganji ("moda"), e pode ser usado indistintamente.

뽐뿌 Bbom Bbu
(ppom-ppu)

Substantivo. "Animar", "Incitar"
Originado da palavra inglesa "pump", quando alguém fica muito animado e torna-se "all pumped up (tudo bombeado)", muitas vezes, como resultado de um elogio ou comentário. Essa tática é especialmente eficaz quando a pessoa é incapaz de fazer julgamentos claros (por exemplo, embriagado).

뿌잉뿌잉 Bbuing Bbuing
(ppu-ing ppu-ing)

Substantivo "Algo Que Você Diz Para Parecer Bonito"
Uma palavra que descreve o ato de alguém (geralmente as meninas) que tem um comportamento bonito (aegyo) em uma tentativa de exibir o seu encanto. O comportamento consiste em colocar os dois punhos ao lado das bochechas e fazer um movimento circular dizendo o termo "bbuing bbuing" com uma voz de bebê.

베프 Be Peu
(be-p'ŭ)

Substantivo "Best Friend"
Uma abreviação de "best priend" (porque não há som de F no coreano). Descreve alguém que está disposto a fazer sacrifícios pelo outro.

베플 Be Peul
(be-p'ŭl)

Substantivo. "A Melhor Resposta (comentário)"
Uma abreviatura de "베스트" best "리플" ripeul (reply / comment). Refere-se ao comentário mais votado em um ítem específico (por exemplo, Facebook). No Facebook, por exemplo, é o comentário com mais "curtidas" recebido. Para alguns, isso significa muito e pode servir como um reforço da auto-estima.

버카충 Beo Ca Choong
(bŏ-k'a-ch'ung)

Substantivo "Recarga Do Cartão De Ônibus"
Uma abreviatura que é popularmente utilizada por adolescentes para "버스 카드 충전" bus card (cartão de ônibus) choong jeon ("recarga"). Na Coréia, o transporte público tem um terminal disponível que aceita um cartão pré-pago (T-Money). Seu saldo exige uma recarga constante para evitar um uso contínuo.

버정 Beo Jeong
(bŏ-jŏng)

Substantivo. "Ponto de ônibus"
Uma abreviatura de "버스 정거장" bus jeong geo jang ("ponto de ônibus"). Em K-Dramas, este é o lugar onde o personagem principal se apaixona por um total estranhol, enquanto espera o ônibus, mas também é o lugar onde se despedem.

브금 Beu Geum
(bŭ-gŭm)

Substantivo. "Back Ground Music (BGM)"

BGM se soletra da forma que soa. É um dos elementos mais importantes de um filme, drama e programas de televisão, já que define o humor, a emoção e também adiciona um efeito dramático. Não se deve confundir com a Original Sound Track (OST), que é a compilação de todas as músicas individuais (instrumental, karaoke, ED, BGM) utilizadas na obra. BGM é música usada como uma peça de fundo.

비친 Bi Chin
(bi-ch'in)

Substantivo. "Amigo Que Guarda Seus Segredos"
Uma abreviatura de "비밀" bimil ("segredo") "지켜 주는" jikyeo joo neun ("guardar") "친구" chingoo ("amigo"). Refere-se a alguem que se pode dizer, abertamente, as suas preocupações mais sérias, sem se preocupar de ser contado para alguém depois.

비추 Bi Choo
(bi-ch'u)

Substantivo. "Não Recomendado"
O contrário de "강추" gang choo. A palavra "비" é uma palavra chinesa para "não(n)".

비담 Bi Dam
(bi-dam)

Substantivo. "O melhor membro de um grupo"
Uma palavra composta formada por "비쥬얼 visual" "담당" dam dang (alguém responsável por algo) = alguém encarregado do "visual".

Bias

Substantivo. "Seu Ídolo Favorito"
"Bias" significa "tendencioso" em inglês. Seu cantor ou grupo favorito que você vai apoiar, não importa o que for.

Bias Ruiner

Substantivo. "Alguém Que Tenha O Potencial De Se Tornar O Seu Novo Favorito"
Um cantor, um ator ou um grupo que ameaça assumir o lugar em seu cora-

ção que está ocupado por seu preferido atual.

Big 3

<u>**Substantivo. "As três principais empresas de entretenimento na indústria KPOP"**</u>
O nome das três principais empresas de entretenimento da indústria KPOP na Coréia são: JYP Entertainment, SM Entertainment y YG Entertainment.

Black Day

<u>**Substantivo. "Dia Dos Solteiros"**</u>
Um dia de consolo, que acontece todo ano no dia 14 de abril pelos solteiros na Coréia. Está relacionado com o Dia dos Namorados e o Dia Branco, nessas datas, as pessoas que não receberam presentes, se reunem vestido preto e comem comida de cor preta, como "짜장면" Jjajangmyeon (um prato de macarrão coreano-chinês feito com um grosso molho de feijão preto), como uma forma de se simpatizarem uns com outros.

Black Ocean

<u>**Substantivo. "Boicotar Uma Perfomance"**</u>
Uma forma de protesto, onde os fãs na platéia se vestem de preto e não usam fontes de luz, criando uma completa escuridão.

Body Rolls

<u>**Substantivo. "Dança Sexy"**</u>
Um movimento de dança sedutora feito por ídolos masculinos ou femininos de KPOP. O exemplo mais popular é fazer a "dança da onda do corpo". Quando mais lento for feito, mais sexy será.

보고싶어 Bogoshipo
(bo-go-shi-p'ŏ)

<u>**Expressão. "Sinto Saudades De Você"**</u>
Uma maneira informal de dizer "Sinto Sua Falta". Pode ser dito entre duas pessoas que são próximas, como entre pais e filhos ou entre um casal. Adicionar o "eu" no final, o torna formal (é dizer, "bogoshipoyo").

복불복 Bok Bool Bok
(bok-bul-bok)

Substantivo. "Tenha Sorte"
Uma palavra composta, formada por três palavras chinesas "복" bok ("sorte") "불" bool ("não") "복" bok ("sorte") = "feliz ou infeliz", referindo-se a uma situação em que alguém não tem outra escolha, a não ser aceitar as suas chances e deixar que o destino decida.

볼매 Bol Mae
(bol-mae)

Substantivo. "Quanto mais eu olho, mais encantadora é a pessoa"
Uma abreviatura de "볼수록 bol soo rok (mais que eu olho) 매력 mae ryeok." Refere-se a alguém cujos encantos são revelados / descobertos, através de encontros contínuos. Também é possível se referir a alguém que pode não ser o amor a primeira vista, mas com o passar do tempo, torna-se em algo a mais e magnético.

본방사수 Bon Bang Sa Soo
(bon-bang-sa-su)

Substantivo. "Certificar-se De Ver A Transmissão Original De Um Espetáculo"
Uma palavra composta formada por "본방" bon bang ("aeração original") + "사수" sa soo ("defendendo, assegurando algo para a morte"). Portanto, é uma decisão forte para assistir a transmissão original de um programa de televisão, no lugar das reprises. É extremamente importante, porque as avaliações do público são baseadas somente em 본방 's e os ídolos, muitas vezes, pedem aos seus fã para fazerem isso, para que eles possam ter uma boa classificação da audiência (=eles irão conseguir mais oportunidades de aparecer na TV!)

본좌 Bon Jwa
(bon-jwa)

Substantivo. "O Dominante"
É mais amplamente utilizado em ligar de jogos onlines (por exemplo, League of Legends e Starcraft) para se referir ao campeão.

부비부비 Boo Bi Boo Bi
(bu-bi-bu-bi)

Frase. "Dar Chino", "Roçar"
Uma espécie de "dança sensual", a qual uma menina está na frente de um homem, colocando seus quadris próximos de sua virilha e começa a esfregar, enquanto coloca as mãos em sua pelve, segurando-a. Pode utilizar para se referir a qualquer tipo de dança sexy ou sedutora, que envolva contato corporal.

부킹 Booking

Substantivos. "Citações Rápidas Previstas Pelos Barmans Do Clube Noturno"
Uma prática comum do clube corano, onde os barmans da noite guiam as clientes até as mesas dos homem e estabelecem "citações rápidas" instantâneas.

불금 Bool Geum
(bul-gŭm)

Substantivo. "Febre da sexta-feira a noite"
Uma abreviatura de "불타는" bool ta neun ("queima") "금요일" geum yo il ("Sexta-feira"). É o dia mais amado pelos estudantes e trabalhadores que estão em uma plataforma de cinco dias de trabalho e negócios. É um dia de independência / libertação para aqueles que sempre estão desejando esse momento. É chamado de "Burning", porque sua paixão e energia são tão quentes.

불펌 Bool Peom
(bul-p'ŏm)

Substantivo. "Compartilhar Uma Mensagem Sem Permissão"
Uma abreviatura de "불법" bool beop ("ilegal") "펌" peom ("compartilhar"). Isso acontece quando o artista original proíbe explicitamente o ato de compartilhar algo, mas alguem, descaradamente, encontra uma forma de fazer exatamente isso.

Bromance

Substantivo. "Muito Próximo Da Amizade Entre Dois Homens"

Uma palavra composta formada por "irmão" e "romance". Refere-se a uma amizade muito estreita, mas de amor platônico entre dois homens, muitas vezes, em um grau quase semelhante ao de um casal.

버퍼링 Buffering

Substantivo. "Atrasar"

Originalmente, refere-se a uma situação na qual um elemento multimédia em uma página da web não está carregando / transmitindo de forma suficientemente rápida para uma experiência visual agradável. Na Coréia, no entanto, também é usado para descrever alguém cuja converssa não é clara (por exemplo, gaguejando, ou ser equívoca / evasiva) de modo que é necessário muito tempo para chegar ao ponto.

버닝 Burning

Substantivo. "Fazendo Algo Apaixonadamente"

O estado de uma mente que está profundamente imerso em algo. Por exemplo, "Burning Friday" significa que vai aproveitar de sua sexta-feira ao extremo.

버로우 Burrow

Substantivo. "Ocultar", "Desaparecer"

Originalmente de uma espécie fictícia de Starcraft (jogo de computador), Zerg, cujos personagens se escondem abaixo da superfície para atacar seus inimigos. É usado para descrever alguém que desaparece de repente. Esta capacidade é usada na maioria das vezes quando alguém se da conta de que está perdendo uma discussão online.

버터페이스 Butter Face

Substantivo. "Mulher Com Aparência Não Tão Atraente"

Um termo depreciativo desfarçado. Apesar de soar como um elogio, na verdade é: "Ela é quase perfeita, de uma família rica e tem um corpão... Oh, BUT HER FACE (mas o seu rosto)..."

별다방 Byeol Da Bang
(byŏl-da-bang)

Substantivo. "Starbucks"
"별" byeol significa "estrela" e "다방" dabang significa "cafeteria" ou "casa de chá". Este é o local onde as pessoas comprar café que é mais caro do que o seu almoço!

병맛 Byeong Mat
(byŏng-mat)

Substantivo. "Insano", "Louca"
Uma abreviação de "병신" byeong shin ("atrasado") "같은" gat eun ("como"), que significa literalmente "Tem gosto como um retardado". Ainda que não esteja claro o que um retardado gosta, as crianças e adolescentes utilizam esse termo com frequência para descrever uma situação / alguém que é simplesmente estranho e inexplicável.

변태 Byuntae
(byŏn-t'ae)

Substantivo. "Pervertido"
Um personagem (geralmente um homem de meia-idade, vestido de trincheira) que muitas vezes aparece nos dramas e filmes coreanos, assustam as protagonistas femininas, mostrando seus desejos sexuais de forma pouco saudável. Normalmente, o protagonista masculino aparece e a salva (cobrindo os olhos com as mãos).

콜 Call
(kol)

Frase. "Aceitar"
Um termo derivado do poker, onde um jogador "aceita" a intenção de outro jogador para aumentar a aposta. É amplamente utilizado como um termo cotidiano entre a população mais jovem.

CARTEL

Substantivo "A União Dos Três Fã Clubes Mais Poderosos"
Faz referência à aliança dos três fã clubes mais poderosos formados no Dream Concert 2008, que criou Black Ocean contra Girls Generation. É

uma forma de protesto, onde os fãs no público se vestem de preto e não usam fontes de luz, criando assim uma escuridão completa. Cassiopeia + Triple S + ELF = POSTER.

캐스팅 Casting

Substantivo. "Ser Contratado Para Uma Posição De Atuação"
Assinar um contrato para aparecer em um drama, um filme, um CF ou um programa de televisão.

CF

Substantivo. "Comercial De Televisão"
Uma abreviatura de "cinema comercial". Os CFs são muito influentes na Coréia. Muitos artistas sem nome podem se tornar famosos rapidamente se um CF se tonar viral.

차도남/차도녀 Cha Do Nam/Nyeo
(cha-do-nam/nyŏ)

Substantivo. "Homem urbano frio/Mulher urbana fria"
Uma abreviatura de "차가운" cha ga un ("frio, peixe"), "도시의" do shi e ("cidade, urbano"), "남자/여자" nam ja / yeo ja. Ele / ela é um tipo popular de personagem em dramas coreanos, muitas vezes, retratados como um colega ou um superior no trabalho, que (geralmente) abre seu coração e abraça o personagem principal e acaba se apaixonando.

재벌 Chaebol
(jae-bŏl)

Substantivo. "(Mulher) Fazer-se O/A Difícil"
"철" cheol significa "ferro", "벽" byeok significa "parede", y "녀" nyeo significa "mulher". Por isso, refere-se a uma mulher inexpugnável, que não abre seu coração facilmente ou aceita o amor de outras pessoas. Em dramas coreanos, esse é o tipo mais comum de personagens femininas. No início são muito frias, mas, aos poucos, lentamente, vai abrindo o seu coração. Mas, é claro, continuam escondedno as suas emoções, só para perturbar os expectadores.

철새팬 Cheol Sae Fan
(ch'ŏl-sae-p'aen)

Substantivo. "Multi-fã"
"철새" cheol sae significa "pássaro migratório", por isso, quando é usado junto com "fã", se refere a alguém que é um fã de vários grupos ao mesmo tempo. "다팬" da fan também significa "multi-fã" e pode se utilizar de maneira alternada.

천조국 Cheon Jo Guk
(ch'ŏn-jo-guk)

Substantivo. "Estados Unidos"
O linguajar da Internet que significa, literalmente, "a nação de 1000 tri-lhões". A fonte dos gastos militar de cerca de $1 bilhão, que é maior do que a soma dos orçamentos de muitas nações desenvolvidas.

정말 Cheongmal (Jeongmal)
(jŏng-mal)

Interjeição. "De Verdade"
É usado para expressar surpresa ou para questionar a validade de uma certa situação ou declaração.

첫콘/막콘 Cheot Con/Mak Con
(ch'ŏt-k'on/mak-k'on)

Substantivo. "Primeiro show / Último show"
"첫" cheot y "막" mak são adjetivos que signficam "primeiro" e "último", respectivamente, que se utiliza quando há mais de uma data de show dispo-nível.

첫사랑 Cheot Sarang
(ch'ŏt-sa-rang)

Substantivo. "Primeiro Amor"
Um tema de uso comum para muitos dramas coreanos, muitas vezes, rom-pendo na cena para complicar uma "love line" (um mapa das relações) de

um protagonista, que agoniza sobre a sua escolha das mulheres.

치맥 Chi Maek
(ch'i-maek)

Substantivo. "Frango Frito E Cerveja"
Uma abreviatura de "치킨" ("frango") e "맥주" (maekju, "cerveja") é um dos aperitivos coreanos favoritos, especialmente quando se assiste um evento esportivo. Normalmente, vem frito ou com um molho picante. Pode se comparar com asas de frango e cerveja no oeste. Ganhou popularidade na China graças ao drama popular coreano"My Love from the Star", onde Cheon Song-I, a heroína do drama, diz que "Chi Maek é perfeito para um dia de neve". Esta linha fez com que o povo chinês fosse para as lojas de frango frito. Selfies com um pedaço de frango frito e cerveja tornou-se uma tendência nas redes sociais.

친추 Chin Choo
(ch'in-ch'u)

Substantivo. "Adicionar Alguém Como Amigo Nas Redes Sociais"
Uma abreviatura de "친구" chin goo ("amigo") "추가" choo ga ("a mais"). Esta é a versão do século XXI de trocas de informações entre contatos e considera-se que é uma forma menos agressiva e indireta de solicitar informações de contato sobre alguém, como um número de telefone.

친삭 Chin Sak
(ch'in-sak)

Substantivo. "Excluir alguém como amigo nas redes sociais"
Uma abreviatura de "친구" chin goo ("amigo") e "삭제" sak je ("deletar"). Embora seja uma maneira conveniente de terminar uma relação, pode ser considerado grosseiro ou ofensivo, especialmente quando é feito sem aviso prévio.

진짜 Chincha (Jinjja)
(jin-tcha)

Interjeição. "De Verdade"
É usado para expressar surpresa ou para questionar a validade de uma certa situação ou declaração.

친구 Chingu
(ch'in-'gu)

Substantivo. "Amigo"
Ainda que duas pessoas possam ser amigas sem importar as suas idades, o chingu é usado exclusivamente para uma pessoa da mesma idade / série na escola. Outros são considerados "선배" sunbae ("sênior") e "후배" hoobae ("júnior").

초보 Chobo
(ch'o-bo)

Substantivo. "Novato"
Uma palavra formada por duas palavras chinesas "초" cho ("primeiro") " 보" bo ("passo"), que tornou-se um termo popular entre os jogadores online de todo o mundo, graças aos jogadores coreanos onipresente, que contribuiram para o desenvolvimento dos maiores esportes eletrônicos do mundo (Starcraft, LOL, Counter Strike, etc.) na liga.

Chocolate Abs

Substantivo. "Abdômens Perfeitos"
É chamado assim, porque o abs esculpidos se parecem com blocos de chocolate.

초딩 Choding
(ch'o-ding)

Substantivo. "Alguém que age como uma criança"
Estudante de escola primária. Esse termo também é usado para tirar sarro de alguém que age como uma criança.

출첵 Chool Chek
(ch'ul-ch'ek)

Substantivo. "Lista De Presença"
Uma abreviatura de "출석" chool seok ("assistência") + check "É a primeira atividade no início de um dia escolar na Coréia. Alguns professores optam por um controle visual, algumas crianças se aproveitam disso, escondendo as suas mesas e cadeiras para enganar os professores, para pensarem que ninguém está ausente.

춤 Choom
(ch'um)

Substantivo. "Dança"
Considerado como uma das virtudes / habilidade essenciais que um ídolo deve ter.

추석 Chuseok
(ch'u-sŏk)

Substantivo. "Tradicionais Festas Coreanas No Outono"
Um importante festival da safra na Coréia que dura três dias. É comemorado no dia 15 do oitavo mês do calendário lunar. Também chamado de "Hangawi", que vem do arcaico coreano. As pessoas, muitas vezes, se vestem de hanbok (tradicional vestido coreano) e participam das atividades tradicionais.

취중진담 Chwi Joong Jin Dam
(ch'wi-jung-jin-dam)

Substantivo. "Confissão Embriagado", "Na Vida, A Verdade"
Uma palavra composta formada por "취중" chwi joong ("bêbado") + "진담" jin dam ("dizendo a verdade"). É o ato de admitir os seus verdadeiros sentimentos por alguém, com a ajuda do álcool, porque é difícil de fazer quando está sóbrio. Enquanto muitos usam como uma oportunidade para pedir algo para alguém, outros usam para repreender alguém. É uma tática muito útil, porque se não sai como você esperava, sempre se pode culpar o álcool (por exemplo, "Wow, não me lembro de ter dito isso!"). É também o nome de uma famosa canção de Kim Dong-ryul.

취켓팅 Chwicketing
(ch'wi-k'et-t'ing)

Substantivo. Tentar Obter Entradas Canceladas"
Se você perder durante o banho de sangue inicial da venda de entradas, sempre há uma segunda oportunidade através de "취켓팅", ou "ticket cancelado". "취" chwi provém da palavra "취소" chwi so, que significa "cancelamento", que os fãs coreanos têm combinado com a palavra "ticketing". Os fãs usam esse termo para referir-se à venda de bilhetes cancelados. Muitas vezes, os fãs ficam até as 4 AM com o intuito de pegar as entradas canceladas nos sites da web de venda de bilhetes.

콜라보 Colabo

Substantivo. "Colaboração"

A prática através da qual os artistas de unem para criar uma peça única de trabalho que incorpora as diferentes características de cada artista contribuinte.

컴백 Comeback

Substantivo. "Retorno De Um Ídolo Depois Do Hiato"

O retorno de um cantor ou um grupo de um hiato, que implica em um novo single / álbum de lançamento. Aparecem frequentemente em programas de TV de música para mostrar o seu novo trabalho.

Concept

Substantivo. "A Imagem Ou O A Personalidade Que Se Escolhe Seguir"

Uma imagem ou um personagem que um cantor ou um grupo escolheu. Pode ser um longo curso ou mais curto para apenas um programa de televisão. Pode mudar com frequência, dependendo do tema geral do seu objetivo. Por exemplo, pode-se ter "sexy" como um tema para o seu novo álbum, mas pode escolher ter "misterioso" como um tema para o próximo álbum.

D Line

Substantivo. "Corpo Com A Barriga Volumosa"

Um termo que descreve a forma de um corpo que a barriga está sobressaindo, seja devido à gravidez ou por beber muita cerveja, o que se assemelha com a letra "D". Ao contrário de "S Line", este é o tipo de corpo que os ídolos não querem ter.

다음 Da Eum
(da-ŭm)

Substantivo. "Seguinte", "Posteriormente"

Também o nome do segundo maior portal de Internet da Coréia.

다나까 Da Na Ka
(da-na-kka)

Frase. "Falar Sobre O Estilo Militar"
Falar de estilo militar, onde cada frase tem que terminar em Da, Na ou Ka, que são os tons oficiais da língua coreana. Tornou-se muito popular graças aos mega-hits do drama coreano Descendentes do Sol, uma história romântica com um campo de batalha militar como cenário.

답정너 Dab Jeong Neo
(dap-chŏng-nŏ)

Substantivo. "Askhole (Ask + Asshole)"
Uma pessoa que pede, constantemente, seu conselho, mas sempre faz o contrário.

대륙 Dae Ryuk
(dae-ryuk)

Substantivo. "China"
O significado literal é "continente" ou "massa de terra". O termo usado, especialmente pela geração mais nova na internet, tornou-se um apelido para China, deviao ao fato de que o país conta com uma grande quantidade de terra e população. É mais frequentemente usado em forma de "대륙의" dae ryuk eui ~ algo = "algo da china". Por exemplo, "대륙의 기상 gi sang (" espírito ")" é "O espírito da china".

대박 Daebak
(dae-bak)

Substantivo. "O Grande Prêmio"
Um termo que pode ser usado para expressar admiração e emoção. Pode ser traduzido como "jackpot", "grande vitória", "incrível" ou "impressionante".

대상 Daesang
(dae-sang)

Substantivo. "O Grande Prêmio"
O prêmio mais prestigiado que alguém pode receber.

닥살 Dak Sal
(dak-sal)

<u>**Substantivo. "Arrepios" "Desagradável"**</u>
Em coreano, tem um significado dual - 1) repugnante (negativo) - quando se olha para um casal que está fazendo um PDA (exibição pública de afeto)

2) Goosebumps (positivo) - de alegria extrema, como ver o seu "bias" preferido no palco.

단톡 Dan Tok
(dan-tok)

<u>**Substantivo. "Grupo De Bate-Papo"**</u>
Uma das muitas funções proporcionadas por Kakao Talk, um popular aplicativo de chat, onde você pode convidar outros usuários para conversar em um grupo. Ainda que as intenções sejam boas, na maioria dos casos, muitos funcionários se sentem como cair em um buraco do inferno quando é criado pelo seu chefe, que o utiliza pra supervisionar e controlar os seus subordinados.

당근 Dang Geun
(dang-gŭn)

<u>**Frase. "Certamente"**</u>
Significa, literalmente, "zanahoria", mas também é uma versao mutante / divertida da frase "당연" dang yeon ("certamente / completamente").

다크호스 Dark Horse

<u>**Substantivo. "Alguém Desconhecido Que Tem A Chance De Ganhar Um Concurso"**</u>
Um linguajar de corrida de cavalos do século XIX, que é mais popularmente usado na Coréia do que em outros países de língua inglesa. Você pode ouvir a palavra em programas de reality show, que envolvam a competição, tais como as nossas artes locais e Educação Física (Cool Kiz On The Block).

대시 Dash

Substantivo. "Pedir A Alguém"

É frequentemente usado como um verbo «대시 하다» dash hada. No dia dos namorados e no dia do natal, eles estão entre os dias mais populares para isso.

DB

Chat Acrônimo. "Cigarro"

Um acrônimo criado pegando as consoantes iniciais da palavra "담배" dam bae ("cigarro"). É utilizado, principalmente, por adolescentes que estão abaixo da idade legal para fumar, para evitar de serem descobertos pelos adultos (por exemplo, pais, professores, etc.)

DBSK

Substantivo. "Dong Bang Shin Ki"

A abreviatura coreana de Dong Bang Shin Ki, que é o segundo acrônimo mais utilizado depois da versão chinesa TVXQ.

따봉 Dda Bong
(tda-bong)

Frase. "O Melhor"

Uma expressão usada para mostrar admiração ou satisfação. Na verdade, é uma palavra portuguesa "Está bom", que significa "Está bom". Tornou-se muito popular graças a um comercial de televisão de suco de laranja na década de 1980, que mostra um grupo de empresários coreanos visitando uma fazenda de laranja no Brasil. Após a inspeção, diz a palavra com o polegar pra cima e os agricultores ficam loucos de emoção, todos dançando samba. Desde então, tornou-se um sinônimo de "o melhor".

딸바보 Ddal Babo
(tdal-ba-bo)

Substantivo. "Papai Da Filha"

O significado literal é "filha-estúpido", que pode ser traduzido como "louco pela filha". Refere-se a um pai que adora, está louco e disposto para fazer qualquer coisa por sua filha. Ao ponto de parecer um "babo". O termo chegou a ser famoso devido a um popular reality show "O retorno do Superman", que contou com os surpreendentes episódios de Choo Seong-hoon e sua adorável filha Sarang-i.

뜬금포 Ddeun Geum Po
(tdŭn-'gŭm-p'o)

Substantivo. "Algo Totalmente Inesperado"
"뜬금" ddeun geum significa "aleatório" ou "inesperado" e "포" po significa "disparar (uma arma)". Originalmente, significa um home run inesperado no beisebol, mas, recentemente, fez o seu caminho nas conversas diárias. Se alguém diz algo de repente, você fala isso.

또라이 Ddo Ra I
(tdo-ra-i)

Substantivo. "Psicopata"
Originalmente utiliza-se para referir a alguém com uma doença mental, mas se utiliza para descrever alguém que é rebelde e atrevido, na medida em que vai mais além dos limites do senso comum ou dos valores fundamentais.

똥차 Ddong Cha
(tdong-ch'a)

Substantivo. "Ex-namorado"
Uma palavra composta formada por "똥" ddong ("merda") + "차" cha ("carro"), que significa "caminhão para esvaziar fossas sépticas". A palavra 똥 se utiliza como um prefixo para enfatizar algo ruim. É uma expressão figurativa, que se refere a um ex-namorado que te decepcionou e machucou, e que se utiliza, muitas vezes, como "Esqueça o ddong cha e espere um novo Mercedes (novo relacionamento)".

득템 Deuk Tem
(dŭk-t'em)

Substantivo. "Ganho Extraordinário"
Um termo que se originou em MMORPG (Massive Multiplayer Online Role Playing Game), onde um jogador ganha um elemento abandonado de outro personagem ou recebe algo inesperado como recompensa por uma batalha vencida.

듣보잡 Deut Bo Jab
(dŭt-po-jap)

Substantivo. "Alguém Sem Importância"
Uma abreviatura de "듣도" deut do ("nunca ouvi falar") + "보도" bodo ("nunca visto") + 못한mot han ("nunca") + "잡것" jab geot ("ralé") = "Alguém que você nunca viu ou nunca ouviu falar". É usado para ferir a auto-estima de alguém e é mais eficaz quando é usado da forma mais condescente possível.

Digital Single

Substantivo. "Música Que Somente Está Disponível Em Canais Online"
Ou seja, fazer download e transmitir.

디스패치 Dispatch

Substantivo. "A CIA Da Indústria Coreana Showbiz"
Fundada em 2010, é uma agência de notícias na Internet, que incide sobre as fofocas de celebridades e notícias de última hora. Atualmente, é a agência mais dominante na indústria. Acredita-se que muitos dos repórteres são ex repórteres de entretenimento de SportsSeoul.com. É mais famosa por oferecer histórias exclusivas sobre namoros de celebridades, que muitos consideram como o jornalismo amarelo estilo paparazzi, mas os fãs adoram.

도촬 Do Chwal
(to-ch'wal)

Substantivo. "Tirar Fotos Sem Permissão"
É uma abreviatura de 도둑 do dook ("ladrão") + 촬영chwal yeong ("fotografia"). É o comportamento associado a alguém que recebe gratificação sexual ao observar secretamente as pessoas ao deslocar ou participar de atividades sexuais. Muitos artistas KPOP são vítimas de sasaeng fãs que se dedicam em medidas extremas para capturar vidas particulares.

Dol

Substantivo. "Idol"
Uma abreviatura de "ídolo", mas pode ser anexado no final de uma palavra

para criar uma palavra composta (por exemlo, "besta-dol", "modelo-dol", ou "ator-dol".

돌직구 Dol Jik Goo
(dol-jik-hu)

Substantivo. "Comentário Muito Direto (Pergunta)"
돌 dol significa "pedra" e 직구 jik goo significa "bola rápida". O significado literal é "uma bola rápida potente (sólida)", mas é usado para descrever um "comentário muito direto (pergunta)". É mais eficaz se é usado quando o ouvinte menos espera.

돌싱 Dol Sing
(dol-shing)

Substantivo. "Recentemente Divorciado"
Uma abreviatura de "돌아온" dol ah on ("voltou") "싱글" single, para significar "voltou a ser solista" Também se usa para os ídolos que retornam como um artista solo, depois de fazer parte de um grupo por um período.

동안 Dong An
(dong-an)

Substantivo. "Cara Que Parece Mais Nova Do Que A Idade Real"
Este é um grande elogio, especialmente para um ídolo feminino.

동생 Dong Saeng
(dong-saeng)

Substantivo. "Irmão Mais Novo"
Um termo para um irmão mais novo, mas pode ser usado para qualquer pessoa mais nova, independentemente do gênero. Pode ser usado no lugar do nome de alguém.

드라마퀸 Drama Queen

Substantivo. "Teatrero/a"
Refere-se ao amigo que todos nós temos que torna-se, constantemente, em algo trivial em um acordo importante, sempre que possível. Na montagem

dramática coreana, muitas vezes, é a melhor amiga da personagem feminina principal, sem se preocupar com qualquer coisa e fazer as coisas mais
complicadas do que o necessário.

Dream Concert

Substantivo. "Maior Show Anual De KPOP"
O maior show anual de KPOP com até 32 cantores / bandas de alto perfil.
Cada renovação anual tem um tema como "Viva A Coréia" ou "Cheer Up
Korea".

드립 Drib
(dŭ-rip)

Substantivo. "Tentativa De Brincadeira"
Um termo derivado da linguagem da indústria do entretenimento "ad lib",
que está dizendo algo espontaneamente, ou improvisando, utilizado com
maior frequencia nos sitcoms e variedades. Muitas vezes, capta outros co-a-
tores desprevenidos e causa uma série de risos, o que leva a um NG.

덕후 Dukhoo
(dŏ-k'u)

Substantivo. "Alguém Que Está Exageradamente Obcecado Com Algo (Cultura / Objeto)"
Origem do termo japonês "otaku", que,
muitas vezes, é traduzido como "nerd" ou "mania", mas na Coréia, acredita-se que o seu nível de obsessão é mais grave, até o ponto em que torna-se
um objeto de zombaria.

뒷북 Dwit Book
(dwit-puk)

Substantivo. "Alguém Que É Devagar Para Entender"
E suas respostas são sempre atrasadas.

에바 E Ba
(e-ba)

Frase. "Em relação à reação"
Maneira que as crianças e os adolescentes dizem "sobre a reação", mas há

uma teoria que afirma que é realmente uma palavra composta formada por "error + over = eva = e ba". Independentemente de sua origem, é usado para descrever o ato de ir muito além ou exagerar.

엑박 Ek Bak
(ek-pak)

Substantivo. "Imagem Não Encontrada"
Uma abreviatura de "엑스" eks ("x") + "박스" box = "X-Box". Não é o nome do console de jogos da Microsoft, refere-se a uma mensagem de erro causada por uma imagem com problema em um navegador da web, porque o arquivo não está presente ou por outros possíveis problemas. A mensagem de erro é representada graficamente por uma caixa vazia com o símbolo "x" dentro, e daí é o termo.

어부바 Eo Boo Ba
(ŏ-bu-ba)

Substantivo. "Às custas"
Muitas vezes, nos dramas coreanos, um cara excitado leva uma garota bêbada nas costas, enquanto amenina expressa o seu afeto inconscientemente (por exemplo, muito bêbada).

어장관리 Eo Jang Gwan Ri
(ŏ-jang-gwal-li)

Frase. "Ir De Flor Em Flor"
Significa literalmente "o manejo da área de pesca" e é usado para descrever o ato de fingir estar interessado no sexo oposto, sem uma verdadeira intenção de avançar na relação. O "peixe" se confunde ao ponto de que se perguntam se estão mesmo em uma relação ou não, mas na verdade não estão.

얼빵 Eol Bbang
(ŏl-ppang)

Substantivo. "Cara Feia"
O oposto de "얼짱" eol zzang ("cara boa"). A palavra 얼eol refere-se a "얼굴" eol gool ("cara"), e "빵" bbang significa "zero". Por isso, poderia ser reformulada como "aparências = pontuação zero.

어머니 Eomeoni (Omoni)
(ŏ-mŏ-ni)

Substantivo. "Mãe"
Maneira formal de dizer 엄마 eomma ("mamãe"), mas também pode ser usado para se dirigir a mãe do marido (sogra).

언플 Eon Peul
(ŏn-p›ŭl)

Substantivo. "Promoção Através Dos Meios De Comunicação"
Um termo coreano que pode ser traduzido como "brincar com os meios de comunicação" para ganhar vantagem (injusto). É chamado assim, porque no entretenimento, as empresas utilizam os meios para promover os seus cantores / grupos. Táticas comuns incluem a elaboração / difusão de comunicados de imprensa, artigos criando fofocas.

어서 오세요 Eoseo Oseyo
(ŏ-sŏ o-se-yo)

Frase. "Bem vindo" "Por Favor Venha"
"어서" eoseo significa "rapidamente", "imediatamente" e "오세요" oseyo significa "por favor venha". É o que um anfitrião diz para receber os hóspedes.

의리 Eui Ri
(ŭi-ri)

Substantivo. "Lealdade"
Um termo que se tornou extremamente popular em 2015, depois de um shikye (uma bebida coreana doce do arroz tradicional) CF que oferece a Kim Bo-seong, uma famosa estrela de filme de ação de meia-idade para dizer a palavra "eui ri" repetidamente cada vez que tem uma oportunidade. Ela acredita que "eui ri" é o mais importante do mundo e o usa como uma desculpa / justificativa para tudo o que faz). O CF incorporou comicamente a palavra nas descrições dos produtos (por exemplo, dizendo "americano" como "ame" eu ri "cano"), e tornou-se um sucesso. Para além do seu verdadeiro significado, as pessoas simplesmente dizem por diversão.

음악 Eum Ak
(ŭ-mak)

Substantivo. "Música"
Uma palavra composta formada por duas palavras chinesas - "음" eum significa "som" e "악" ak pode significar "desfrutar" ou "música".

응원 Eung Won
(ŭng-wŏn)

Substantivo. "Apoio"
No KPOP, refere-se aos "fãs cantando" durante uma música que mostram o apoio aos seus ídolos, muitas vezes, acompanhados por "bam bam sticks (varas de balões usadas para animar uma equipe ou jogador)" ou varas de luz, para criar uma ola de "luz de fãs".

Eye Smile

Substantivo. "A Forma Dos Olhos Torna-se Uma Meia Lua Vermelha Enquanto Sorri"
A forma dos olhos torna-se uma forma de meia lua enquanto sorri, formando assim o seu próprio sorriso. Isso poderia ser uma forma disfarçada de flertar e demonstrar afeto.

Fan Boy/Fan Girl

Substantivo. "Fã Muito Apaixonado"
Um fã muito apaixonado que está obcecado com tudo que seu ídolo preferido faz.

팬캠 Fan Cam

Substantivo. "Filme Feito Diretamente Pelos Fãs"
Em contraste com os feitos por profissionais (por exemplo, fotógrafos (paparazzi), jornalistas, repórteres), isso refere-se à momentos capturados (fotos e vídeos) diretamente pelos fãs. Em shows e eventos com os fãs, é possível ver que todo mundo está segurando os seus smartphones. Não confunda isso com o termo "sasaeng", que remete aos fãs que vão aos extremos (ou seja, invadir a casa do "bias", o que é um crime).

Fan Chant

Substantivo. "Palavras que são cantadas pelos fãs na plateia durante uma performance ou uma determinada canção para expressar o seu apoio e amor."
É, sobretudo, os nomes dos cantores e costuma-se chorar durante a parte na qual os cantores não cantam.

Fan Club

Substantivo. "Facção"
Um grupo organizado de fãs que participam de diversas atividades para apoiar os seus cantores preferidos ou grupos de ídolos. Geralmente, eles têm o seu próprio nome do clube, significado e cor, e, muitas vezes, possuem fã clubes rivais.

Fan Fiction

Substantivo. "Histórias Fictícias Escritas Pelos Fãs, Protagonizando Os Seus Ídolos Favoritos"
A história geralmente envolve conflitos e romance.

Fan Service

Substantivo. "Algo Que Os Ídolos Fazem Para Agradar Os Seus Fãs"
Algo que os ídolos fazem para agradar os seus fãs, tanto voluntariamente, quanto por pedidos, como cantar uma determinada música ou fazer um gesto bonito.

Fan Wars

Substantivo. "Guerra Brutal Entre Os Fã Clubes"
Uma guerra brutal entre os fãs de um grupo de ídolos conta os fãs de outro grupo.

Fandom

Substantivo. "Comunidade de Fãs"
Uma comunidade de fãs que compartilham um interesse em comum, empatia e companheirismo pelos ídolos, grupos, programas de televisão, filmes,

livros e etc.

Fashionista

Substantivo. "Alguém Que Tem Um Grande Senso Sobre Moda"

Alguém que tem um grande senso sobre a moda, como GD de Big Bang. O contrário é "fashion terriost (terrorista da moda)".

Feels

Substantivo. "Onda Esmagadora De Emoções"

Onda esmagadora de emoções, resultando, as vezes, em lágrimas e gritos, que não podem ser facilmente explicados ou descritos em palavras. Isso ocorre com frequência, enquanto se assiste dramas coreanos ou vídeos de música KPOP.

화이팅 Fighting/Hwaiting
(hwa-i-t'ing)

Frase. "Ânimo!"

Algo que é dito para promover um sentido de unidade. Pode-se dizer que mostram apoio a alguém, especialmente em eventos esportivos. Em um monólogo, se utiliza para dar ao falante um impulso da confiança.

Flower Boy

Substantivo. "Jovem Incrivelmente Bonito"

Um jovem incrivelmente bonito, cuja beleza (parece mais) é comparável à de uma flor.

가지마 Ga Ji Ma
(ga-ji-ma)

Frase. "Não Vá"

Uma palavra mágica usada no mais dramático momento dos dramas coreanos ou vídeos musicais de KPOP. Tem um encantador poder que reúne um casal que está a ponto de romper. É usado com maior frequência após uma discussão intensa e, quando alguém decide ir embora, o outro convoca toda a sua coragem e diz isso, muitas vezes, seguido por um abraço por trás.

갑/을 Gab/Eul
(gab/ŭl)

Substantivo. "Ter Vantagem/Desvantagem"
Termo usado para descrever a dinâmica do poder entre duas pessoas, geralmente, em ambientes contratuais. Gab é o que tem a parte superior, enquanto Eul é a parte inferior.

개취 Gae Chwi
(gae-ch'wi)

Frase. "Preferência Pessoal"
Uma abreviatura de "개인" gae in ("individual / pessoal") "취향" chwi hyang ("preferência"). Apesar de ter o termo gae, o gae não é usado para enfatizar (como em 개이득 gae i deuk, é somente uma abreviatura de gae pulg. Essa palavra está fortemente associada ao termo otaku, alguém que é exageradamente obcecado com algo (cultura/indivíduo), até o ponto de ser alvo de zombaria.

개이득 Gae Ideuk
(gae-i-dŭk)

Frase. "Ganho Supreendente"
O termo gae significa, literalmente, cão, mas tem muitos significados para além de seu significado original, quando é usado em combinação com outras palavras, ele enfatiza a palavra, como a palavra F*** em inglês. Ideuk (não Iteuk de Super Júnior) significa "benefício" ou "ganho".

무개념 Moo Gae Nyeom
(mu-gae-nyŏm)

Substantivo. "Sem Vergonha"
무 moo ("nada", "inexistente") + 개념 gae nyeom ("conceito", "ideia"), referindo-se à alguém que não faz ideia do que está acontecendo em volta dele / dela, semelhante a 진상 jin sang.

갠소 Gaen So
(gaen-so)

Substantivo. "Coleção Privada"
O modo de um adolescente abreviar a palavra "개인" gae in ("pessoal") + 소장 so jang ("coleção"). Refere-se a download e armazenamento de uma imagem rara de seu artista favorito, sem a intenção de compartilhar com os outros.

갈비 Galbi
(gal-bi)

Frase. "Cada Vez Mais Desagradável"
Uma abreviatura de "갈수록" gal soo rok ("tornar-se algo mais") + "비호감" bi ho gam ("hostil") refere-se a alguém que é realmente chato e pioria a cada sim, sem sinais de melhoria. Alguém que você quer evitar a todo custo.

감 Gam
(gam)

Substantivo. "Pressentimento"
Uma indescritível (mas surpreendentemente precisa) sensação de pressentimento que acontece em uma situação crítica. Pode ser o resultado de lembrança de uma experiência similar que você teve no passado ou alguma razão divina misteriosa (por exemplo, a intervenção divina?).

감독 Gamdok
(gam-dok)

Substantivo. "Treinador (Em Esportes)", "(Filme) Diretor"
Refere-se à pessoa que supervisiona a produção de um programa ou a gestão de uma equipe esportiva.

강추 Gang Choo
(gang-ch'u)

Frase. "Altamente Recomendável"
Uma abreviatura de "강력 추천" gang ryeok choo cheon. A palavra "강력" gang ryeok e "추천" choo cheon são palavras chinesas que significam

"forte / poderosa" e "recomendação", respectivamente. Se o "bias" de um fangirl / fanboy usar isso em seu produto, funcionará como um forte apoio que abrirá sua carreira magicamente.

강남 Gangnam
(gang-nam)

Substantivo. "Bairro Rico Em Seúl"
Um bairro rico em Seúl. O significado literal é "ao sul do rio" e é chamado assim, porque está ao sul do "rio Han", que atravessa o centro de Seúl.

강남스타일 Gangnam Style

Substantivo. "Ultra Mega Hit Música De Psy"
Um super mega hit de Psy, que se tornou em um fenômeno mundial com a sua marca "dança da calvagada".

간지 Ganji
(gan-ji)

Substantivo. Adjetivo. "Da Moda", "Elegante"
Originou-se da palavra japonesa kanji ("sensação" e "impressão"), é usado para expressar admiração.

가온차트 Gaon Chart

Substantivo. "O Único Ranking Oficial De Música"
O único ranking oficial de classificação de músicas, certificado pela KOC-CA (Korea Creative Content Agency). Ele fornece padrões relativamente confiáveis, já que não conta com as compras massivas (dowloads) ao qualificar as músicas para a posição nas paradas, uma prática comum da empresa de entretenimento em uma tentativa de manipular os rankings do menu.

가사 Gasa
(ga-sa)

Substantivo. "Letra (De Uma Música)"
Um dos muitos elementos essenciais que compõem uma boa peça de música. Os ídolos que cantam as letras com seus corações são extremamente talentosos e raros.

가슴 Gaseum
(ga-sŭm)

Substantivo. "Peito"

Um órgão vital do seu corpo. Metaforicamente, é de onde vem as emoções e os sentimentos.

가싶남 Gaship Nam
(ga-shim-nam)

Substantivo. "Homem Que Eu Quero Ter"

Uma abreviatura de "가지고 gajigo ("própria") 싶은 shipeun ("quero") 남자" namja ("homem"). Pode-se utilizar para descrever a fantasia de uma fã ou como um elogio para alguém que é atraente. Porém, quando é usado por um "stan" ou "sasaeng" as coisas podem ficar sérias. Este termo, muitas vezes, aparece em histórias de fãs.

가요 Gayo
(ga-yo)

Substantivo. "Música Pop Coreana"

Originalmente, é usado para referir-se à toda a categoria de "música popular", mas, com a chegada do KPOP, tornou-se o sinônimo de "Música Pop Coreana" em todo o mundo.

가요대전 Gayo Daejeon
(ga-yo-dae-jŏn)

Substantivo. "Festival Anual De Música KPOP"

Um festival anual de música KPOP organizado pela SBS (Seoul Broadcasting Services). Anteriormente, eles deram prêmios aos artistas, mas não fazem mais. Tornou-se um evento de celebração musical.

거짓말 Geo Jit Mal
(gŏ-jin-mal)

Substantivo. "Mentira"

A mãe de todos os males. Este é, provavelmente, o termo mais comumente usado nos dramas "melos" coreanos que envolvem um triângulo amoroso, porque a linha de amor enredada inicia (sem isso, não haveria drama!).

금수저 Geum Soojeo
(gŭm-su-jŏ)

Substantivo. "Nascer Com Um Pano Debaixo Do Braço"
O significado literal é "colher de ouro e palitos", mas é usado para descrever alguém que nasceu com privilégios / direitos, por exemplo, a riqueza extrema vinda de pais ricos. Também refere-se à uma vantagem injusta que uma pessoa não ganhou, como com quem foi adotado.

급 Geup(gŭp)

Prefixo "De Repente"
Adicionado no início de um substantivo, é usado para adicionar sentido de urgência ou de algo inesperado.

GG

Chat Acrônimo. "Rendição"
Uma abreviatura de "bom jogo", é um termo usado em jogos online, como uma forma de apertas as mãos no final de uma partida. Ao mesmo tempo, se o lado perdedor diz isso primeiro, então é considerado o mesmo que admitir a sua derrota.

기사 Gi Sa
(gi-sa)

Substantivo. "Artigo De Notícias"
Algo que pode criar ou destruir uma celebridade. Se um repórter escreve algo desagradável sobre alguém, isso pode danificar seriamente e potencialmente acabar com a carreira da celebridade. No entanto, uma boa campanha de relações públicas, que consiste em uma série de artigos bem escritos, pode tornar um artista desconhecido em uma super estrela.

GIFs

Substantivo. "Curto Clipe De Animação"
Um curto clipe de animação que, muitas vezes, contém momentos divertidos ou sexys de ídolos, como uma gafe ou passos de dança. É chamado assim, porque o clipe é criado em forma de um GIF (Graphics Interchange Format).

긴장 Gin Jang
(gin-jang)

<u>Substantivo. "Tensão", "Nervosismo"</u>
Para os fãs de KPOP, é a sensação que você tem antes de que o Dae Sang ("grande prêmio") seja anunciado.

걸크러쉬 Girl Crush

<u>Substantivo. "Admiração Intensa que uma menina desenvolve por outra mulher (não homo)"</u>
Uma reação emocional que é produzida quando uma pessoa tem o objetivo de adquirir os valores / características que aspiram os fãs.

고소미 Go So Mi
(go-so-mi)

<u>Substantivo. "Demandar"</u>
Na verdade, é o nome de um biscoito cracker, mas a palavra "고소" goso significa "demandar", para que as pessoas (geralmente adolescentes) o utilizam no lugar de diversão.

갓 God
(gat)

<u>Substantivo. "O Onipotente"</u>
Quando é usado juntamente com outro sujeito / objeto, torna-se a forma superlativa que implica que é o melhor, absoluto e intocável. Se o seu "bias" tem talento em um campo particular, adicione esse termo antes de seu nome (por exemplo, "God-BANG" no lugar de Big Bang)

고구마 Gogooma
(go-gu-ma)

<u>Substantivo. Adjetivo. "Desajeitado", "Sufocante"</u>
O significado literal é "batata doce", mas é usado para descrever uma situação que requer muito tempo ou alguém que é insensível ou desajeitado, porque comer batata doce sem beber uma bebida, causa sensações pareci-

das com a de severa congestão no peito.

Golden Disk Awards

Substantivo. "Prestigioso Evento de Premiação Anual"
Um prêmio anual de prestígio fundado em 1986, que é apresentado pela Associação da Indústria Musical da Coréia para seus sucessos em destaque na indústria da música na Coréia do Sul.

고마워 Gomawo
(go-ma-wŏ)

Frase. "Obrigado (informal)"
Uma maneira informal de dizer "obrigado". Adicionar o "eu" no final torna semi-formal.

공홈 Gong Home
(gong-hom)

Substantivo. "Página oficial"
Uma abreviatura de "공식" gong sik ("oficial") "홈페이지" homepage. É usado quando há muitos meios de comunicação social (SNS) disponíveis para que alguém saiba onde ir para atualizações oficiais / anúncios. Normalmente, é a página principal da empresa de entretenimento, aquela que pertence o seu "bias".

공식/비공식 Gong sik/Bi Gong Sik
(gong-shik/pi-gong-shik)

Substantivo. "Oficial / Não oficial"
Um termo usado para explicar que algo é autêntico e reconhecido por uma entidade autorizada.

공연 Gong Yeon
(gong-yŏn)

Substantivo. "Show"
Um evento pago (por exemplo, Dream Concert) ou um evento público (por exemplo, um show de guerrilha)

군대리아 Goondaeria
(gun-dae-ri-a)

<u>Substantivo. "Hambúrgueres São Destribuídos Aos Soldados No Exército Como Uma Razão Militar"</u>

Uma palavra composta formada por "군대" goon dae ("exército") + "롯데리아" lotteria "(uma franquia de hambúrgueres) Não é nada extravagante, muito básico em comparação com os vendidos nos restaurantes, por isso é usado, muitas vezes, para descrever / fazer uma piada de mal tratamento recebido no exército. Se o seu "bias" junta ao exército, isso é algo que você vai comer (em lágrimas).

궁예 Goong Ye
(gung-ye)

<u>Substantivo. "Leitura Da Mente"</u>

Originado do nome de um personagem de um drama histórico coreano "Taejo Wang Geon", onde Goong Ye, um monge budista, que dizia ser capar de ler a mente dos outros. Desde então, o seu nome tem sido sinônimo de "leitura da mente" e é usado, muitas vezes, para chamar alguém que é curioso e quer saber de tudo.

궁디팡팡 Goongdi Pang Pang
(gung-di-p'ang-p'ang)

<u>Substantivo. "Elogio"</u>

Uma palavra composta que consiste em "궁디" goong di, um dialeto para "quadris, glúteos, traseiro" e "팡팡" pang pang, um advérbio que descreve sons chamativos. Ao contrário do uso comum, não é usado para o castigo corporal, mas sim como um elogio depois de fazer algo digno.

고수 Gosu
(go-su)

<u>Substantivo. "Mestre (Pessoa Altamente Qualificada)"</u>

Uma palavra formada por duas palavras chinesas "고" go ("alto") e "수" su ("método") "um método (como em um jogo de xadrez)" = "jogador mestre que conhece muitos métodos". Tornou-se um termo popular entre os jogadores online em todo o mundo, graças aos onipresentes jogadores coreanos que contribuiram para o desenvolvimento das maiores ligas de esportes eletrônicos do mundo (Starcraft, LOL, Counter Strike, etc.). É o contrário de "초보" chobo.

Guerilla Concert

Substantivo. "Show Surpresa"
Originalmente do programa de televisão MBC "일요일 일요일 밤 에"
Ilyoil Ilyoil Bam Ae ("Domingo, Domingo À Noite"), onde os cantores
têm uma hora para promover o seu evento na rua, com o objetivo de atrair
uma audiência de mais de 5.000. Uma vez que o tempo tenha terminado, os
cantores estão com os olhos vendados e esperam ansiosamente enquanto os
números se contabilizam. Se é menor que 5.000, o show é cancelado automaticamente. Desde então, tem sido usado para se referir a qualquer tipo
de evento de shows sem aviso prévio, o que geralmente acontece na rua
(incluindo atividades de busking e de "fan service").

관종 Gwan Jong
(gwan-jong)

Substantivo. "Egocêntrico"
Uma abreviatura de "관심 gwan shim ("atenção") 종자 jong ja (" classe /
raça")". Este é alguém que constantemente busca a aprovação / validação
dos outros. Alguns estão obcecados com as redes sociais, como o Facebook
e Instagram e vão longe, como inventar histórias apenas para obter "curtidas"; Dar "curtidas" é como alimentá-los.

괜찮아 Gwenchana
(gwaen-ch'a-na)

Expressão. "Está Bem"
Também é algo que você diz para mascarar as suas verdadeiras intenções
(raiva, tristeza, surpresa, etc).

귀척 Gwi Cheok
(gwi-ch'ŏk)

Substantivo. "Fingindo Ser Linda"
Uma abreviatura de "귀여운" gwi yeo woon ("lindo") "척" cheok ("fingin-
do"), que se refere a "agir linda e encantadora".

귀차니즘 Gwichanism
(gwi-ch'a-ni-jŭm)

Substantivo. "Incômodo"
Uma contraparte estreitamente traduzida de Konglish seria "lazismo", onde alguém se sente incomodado por quase tudo que vem de você. Isso é algo que um fanboy / fangirl experimentaria depois que seu "bias" entrasse em hiato. Perdem a motivação para viver e têm esse sentimento de patadas de incômodo extremo.

귀요미 Gwiyomi
(gwi-yo-mi)

Substantivo. "Coisa Linda"
Uma gíria coreana para "uma pessoa linda e adorável"

해장 Hae Jang
(hae-jang)

Substantivo. "Como Aliviar Uma Ressaca"
Uma palavra composta que consistem em duas palavras chinesas "해" hae ("para acalmar") e "장" jang ("intestino"). Refere-se ao ato de comer alimentos que têm propriedades calmantes, tais como a "설렁탕" seollong tang (caldo de ossos) e "북어국" boogeo gook (sopa de pout seco), mas ramyun é, provavelmente, o mais procurado para a cura da ressaca.

핵 Haek
(haek)

Prefixo "Super"
Seu significado literal é "nuclear", mas, derivado da palavra "핵폭탄" haek pok tan ("bomba nuclear"), é usado pela geração mais nova como um adjetivo para fazer algo superlativo absoluto (porque a bomba nuclear é a mais mortal de todas). Alguns dos exemplos comuns incluem "핵노잼" haek no jam ("tédio absoluto") e "핵피곤" haek pi gon ("completa exaustão").

행쇼 Haeng Syo
(hang-syo)

<u>Interjeição. "Cojelo Suave"</u>
Uma palavra reduzida da frase "행복 하십쇼" haeng bok ha sip syo que significa "ser feliz". Tornou-se muito popular desde que G-Dragon começou a dizer na televisão. Pode ser usado causalmente para dizer adeus e pode ser traduzido como "peace out" em inglês.

한류 Hallyu
(hal-lyu)

<u>Substantivo. "Onda Coreana"</u>
É o fenômeno mundial do entretenimento coreano e da cultura popular que se estende por todo o mundo, através da música KPOP, de dramas coreanos, de programas de televisão e de filmes.

한복 Hanbok
(han-bok)

<u>Substantivo. "Roupa Coreana Tradicional"</u>
É a roupa tradicional do povo coreano. Muitas vezes, é usado em festas tradicionais, como Chuseok (Festival da Colheita) e Seollal (Ano Novo Coreano), assim como em eventos festivos como casamentos. É caracterizado por cores vibrantes e linhas simples. Todos os personagens de Sageuk (drama histórico coreano) carregam isso.

합격 Hap Gyuk
(hap-kyŏk)

<u>Substantivo. "Aceitação"</u>
Sucesso nos testes, nas entrevistas e similares.

힐링 Healing

<u>Substantivo. "Aliviar O Estresse"</u>
Cada tempo dedicado a uma atividade para aliviar a dor / estresse (principalmente mental) que você possui, esse termo é usado como um substantivo ou um adjetivo. O termo tornou-se popular graças a série de sucesso de televião SBS "Healing Camp", onde os convidados são chamados para falar abertamente sobre seus problemas na TV e receber conselhos.

헬조선 Hell Joseon
(hel-cho-sŏn)

Substantivo. "Coréia Do Desesperado"
Um termo satírico criado por volta de 2015 pela geração mais nova, que está farta e desesperada pelo estado socioeconômico atual da Coréia do Sul, onde a taxa de desemprego é alta e as condições de trabalho são pequenas, o que reflete claramente na desigualdade social e na estratificação de classes.

허당 Heo Dang
(hŏ-dang)

Substantivo. "Abaixo Da Expectativa"
Um dialeto da província de Gangwon para "um tiro perdido" que é usado, metaforicamente, para descrever alguém que parece impecável, mas está realmente inábil e incapaz. Lee Seung Ki é o mais conhecido por seu personagem Heo Dang em 2 Days & 1 Night.

허접 Heo Jeob
(hŏ-jŏp)

Substantivo. "Pouco Rígido"
Uma referência a alguém que fala demais e exagera as suas habilidades, mas não apoia as suas afirmações. Também pode referir-se a alguém que aparenta ser capaz, mas demonstra ser pateticamente fraco no desempenho nas áreas onde é esperado que se destaque.

허세 Heo Se
(hŏ-se)

Substantivo. "Bluff"
Uma palavra composta formada por duas palavras chinesas "허" heo ("vazio") e "세" se ("força"). Refere-se ao ato de mostrar coragem ou confiança para impressionar os outros.

흑기사 Heuk Gi Sa
(hŭk-ki-sa)

Substantivo. "Homem Que Toma "Shots" Da Pena Para A Mulher Em Jogo De Bebida"

Significa literalmente "cavaleiro negro", é alguém que resolve uma situação difícil para uma mulher, mas é usado, principalmente, em jogos de beber. A mulher é que salva pelo "흑기사", lhe deve um favor e tem que realizar um pedido que ele tiver.

흑장미 Heuk Jang Mi
(hŭk-chang-mi)

Substantivo. "Mulher Que Toma "Shorts" Da Pena Para O Homem Em Jogo De Bebida"

Significa, literalmente, "rosa negra", que é usado exclusivamente em jogos de beber. É o equivalente feminino de 흑기사.

흙수저 Heuk Soo Jeo
(hŭk-su-jŏ)

Substantivo. "Ter Nascido Pobre"

Um termo que faz um forte contraste com a palavra "금수저" geum soo jeo ("colher de ouro e palitos"). Significa, literalmente, "colher de argila = "흙" heuk ("argila") + "수저" soo jeo ("colher e palitos"), refere-se a alguém que nasceu sem nenhuma vantagem competitiva / comparativa sobre outros colegas. Portanto, são os homens mais inferiores no tótem.

호모 인턴스 Homo Interns

Substantivo. "Jovens Em Busca De Emprego Que Estão No Círculo Vicioso De Estágios Infinitos"

Um termo satírico que descreve as dificuldades que os jovens coreanos, candidatos a empregos, enfrentam. Refere-se a um círculo vicioso de busca de um trabalho em tempo integral, pas ter que se conformar com uma posição de estagiário, que muitas vezes não são pagos. Muitas vezes, é semelhante com a vida dos aprendizes de KPOP, onde tem que passar por inúmeras horas com o objetivo de fazer uma estreia que, é claro, nunca é garantida.

Honey Thighs

Substantivo. "Boas Coxas"

Boas coxas, que não são muito gordas e nem muito magras. O termo "mel" é usado no sentido figurado para significar "o melhor".

후배 Hoobae
(hubae)

Substantivo. "Menor Em Um Determinado Campo"

Refere-se a um menor, que é menos experiente ou com menos tempo em um determinado campo, independentemente da idade.

Hook Song

Substantivo. "Música Viciante"

Uma música muito viciante que fica em sua cabeça. Geralmente, tem letras repetitivas ou fáceis de decorar.

훈남/훈녀 Hoon Nam/ Hoon Nyeo
(hun-nam/hun-nyŏ)

Substantivo. "Homem Encantador / Mulher Encantadora"

Alguém cujo encanto aquece, literalmente, o coração das pessoas ao redor, devido ao seu aspecto atraente, mas, em grande parte, devido a sua beleza interior, pela bondade e consideração.

헐Hul
(hŏl)

Interjeição. "Que Diabos"

Algo que você diz quando está chocado ou sem palavras.

헌팅 Hunting

Substantivo. "Ligar Para Uma Garota"

Uma expressão coreana em inglês, que é usada para se referir ao ato de se conhecer casualmente e pedir a alguém a sua informação de contato para agendar um encontro.

현질 Hyeon Jil
(hyŏn-jil)

Substantivo. "Compra De Itens de Videogames Com Dinheiro"
A forma mais fácil e rápida de atualizar o seu personagem de jogo online. Em muitos jogos para celulares, os criadores dos jogos permitem que os usuários façam o download do jogo de forma gratuita, mas oferecem compras no aplicativo para aqueles que desejam comprar itens com o dinheiro. Isso porque levaria muito tempo para ganhar esse item / alcançar um certo nível, então muita gente fez um "investimento" e busca a satisfação imediata.

현웃 Hyeon Woot
(hyŏ-nut)

Substantivo. "Rindo Na Realidade"
Ao contrário de jajaja, que é a maior mentira na Internet, o leitor encontra algo engraçado e divertido que explode de rir na vida real.

형 Hyung
(hyŏng)

Substantivo. "Irmão"
Um termo usado por um homem mais jovem para dirigir-se a um irmão mais velho. Pode-se utilizar para qualquer homem mais velho com o qual se partilha intimidade emocional suficiente. Às vezes, o macho com mais idade não permite que o macho mais jovem o chame assim, a menos que seja dada a permissão. Pode-se usar no lugar do nome de alguém.

형님 Hyungnim
(hyŏng-nim)

Substantivo. "Irmão (honorífico)"
Um termo honorífico para "Hyung", onde "nim" pode ser traduzido como "senhor", e os chefes de 조폭 *jopok* (máfia coreana) também são chamados assim.

Hyung Whore

Substantivo. "Pessoa Que Ama Muito Passar O Tempo Com Seus Hyungs"

Um ídolo KPOP masculino que sempre se vê em companhia de hyungs (homens mais velhos). Não significa que seja homosexual, mas é o que ele gosta de fazer. Em geral, os membros maknae de um grupo mostram esta tendência.

이불킥 I Bool Kick
(i-bul-k'ik)

Substantivo. "Criticar-se"

Uma palavra composta de "이불" *i bool* ("colcha") + "킥" *kick* ("patada") = "golpear o edredom". Refere-se a uma situação em que alguém está reclinado sobre a cama, esperando para adormecer, e de repente algo incômodo que fizeram no passado aparece em flashs em sua mente, e chuta o cobertor de vergonha.

이열치열 I Yeol Chi Yeol
(i-yŏl-ch'i-yŏl)

Frase. "Coma Samgyetang Em Um Dia Quente Magnífico Do Verão"

Um termo chinês de quatro letras que significa "fogo de combate com fogo", que refere-se ao ato de consumir quentes, rejuvenescedores e nutritivos caldo como Samgyetang (caldo de frango com ginseng) para superar o calor do verão, em geral durante "Boknal", o dia de verão mais quente na Coreia.

Idol

Substantivo. "Jovem estrela KPOP"

Jovens artistas KPOP que passaram por muitos anos de forte treinamento em múltiplas áreas, incluindo cantar, atuar, dançar e entreter em programas de televisão. Eles trabalham como um artista solo ou em grupo, ou frequentemente de forma substituível.

Idolization

<u>**Substantivo. "Troca Impactante Ou Transformação Da Aparência (Para Melhor)"**</u>
Uma mudança impactante ou a transformação da aparência para melhor, sobretudo através da perda de peso, estilos de cabelo, ou inclusive a cirurgia plástica, ganhando, assim, o status de "ídolo".

익게 Ik Ge
(ik-ke)

<u>**Substantivo. "Gangues Escolares"**</u>
Um grupo de valentões da escola (especialmente na escola secundária) que participam de atividades violentas, inclusive criminosas contra companheiros de turma mais fracos e mais vulneráveis. Este é um grave problema social e alguns ídolos/celebridades tem sido severamente criticados, já que sua história passada como membros de gangues escolares foi revelada depois de sua estreia.

인강 In Gang
(in-'gang)

<u>**Substantivo. "Aulas On-Line (virtuais)"**</u>
Uma abreviatura de "인터넷" *Internet* "강의" *gang eui* ("conferência"), um meio conveniente de adquirir conhecimento na geração de jovens. Há muitas empresas baseadas na Internet que oferecem cursos a seus clientes.

인지도 In Ji Do
(in-ji-do)

<u>**Substantivo. "O Conhecimento (Da Marca)"**</u>
Uma ferramenta para medir o nível de conhecimento da marca de algo (isto é, um produto, uma campanha política, uma celebridade, etc). Para os fãs de KPOP, há muitos fatores utilizados para mensurar isso, incluindo o ranking de letras, o número de pontos de visitas no YouTube, o número de participantes de um clube de fãs, etc. Mas o método mais fácil é pegar o metrô e ver se alguém os reconhece.

인사 In Sa
(in-sa)

Substantivo. "Mostrando Respeito"
O significado literal é "saudações", mas tem diferenças mais sutis. Na sociedade coreana, desempenha um papel importante na determinação do lugar de alguém na hierarquia social, há regras de cortesia e esta é uma delas. É mais que fazer um vão, que inclui manter-se em contato com e cuidar de alguém mais velho ou melhor no trabalho, que se reduz-se todo a uma questão de mostrar respeito.

인기 Inki
(in-'gi)

Substantivo. "Popularidade"
Uma referência ao crescimento de popularidade de um ídolo, medido por diversas ferramentas, como o número de aparições na TV/Rádio, o tamanho de um fã-clube, etc.

인기가요 Inkigayo
(in-'gi-ga-yo)

Substantivo. "Canções populares do KPOP", "Programa de música de SBS"
Um programa de música de SBS que é transmitido em cada domingo, com atuações ao vivo dos artistas mais populares. Este é um popular programa de televisão no qual os cantores fazem um ressurgimento.

입덕 Ip Deok
(ip-tŏk)

Substantivo. "Apaixonar-se Por Um Ídolo"
Uma abreviatura de uma palavra composta por "입" *ip* ("entrar") "덕후" *deok hu* ("otaku" - friki / mania), que refere-se ao momento em que alguém tem uma queda por um ídolo. Alguém assistindo um vídeo de um ídolo que envolve o público com "ataque visual (beleza/sobrecarga monstro)".

자삭 Ja Sak
(ja-sak)

Substantivo. "Auto-Censura"
Uma abreviatura de "자진" *ja jin* ("auto / voluntário") + "삭제" *sak je* ("supressão"). É o ato de excluir sua própria publicação/ foto/ arquivo carregado. A decisão é tomada geralmente depois de 1) receber comentários de outros usuários 2) dar-se conta, tardiamente, da inadequação/ falta de jeito.

재방송 Jae Bang Song
(jae-bang-song)

Substantivo. "Remissão"
É uma palavra composta que consiste em "재 *jae* (repetir) + 방송 *bang song* (emissão, difusão)". Os fãs de dramas coreanos que perderam a oportunidade de ver uma transmissão ao vivo de um episódio têm que se conformarem com isso, mas têm suas orelhas tampadas antes que terminem de assistir o episódio, para evitar um possível *spoiler.*

잼 Jaem
(jaem)

Substantivo. "Diversão"
É o caminho para que as crianças e os adolescentes digam a palavra "jae mi (diversão, interessante)". Utiliza-se juntamente com outros adjetivos (por exemplo, "빅 *big* 잼 *jaem*" - "muita diversão", "노 *no* 잼 *jaem*" - "sem diversão".

자기 Jagi
(ja-gi)

Substantivo. "Carinho"
Pode ser utilizado por casais casados/ não casados.

Jailbait

Substantivo. "Ídolo Que Tem Menos De 18 Anos"
O perigo de apaixonar-se por um ídolo que seja menor de 18 anos, que é a idade legal na Coreia. Converteu-se em um termo popular quando Taemin de SHINee estreou quando tinha apenas 16 anos em 2008, o que levou a incontáveis "fãs noona" apaixonando-se por ele.

작업 Jak Eop
(ja-gŏp)

Substantivo. "Paquerar"
Literalmente, significa "operação" ou "trabalho", mas utiliza-se no sentido figurado para referir-se ao ato de tentar atrair alguém, sobretudo para divertir-se em vez de relacionar-se com intenções sérias.

잘자 Jalja
(jal-ja)

Frase. "Doces Sonhos"
É uma maneira doce de terminar uma conversa quando fala com seu amado por telefone durante a noite.

제발 Jebal
(jae-bal)

Frase. "Por Favor"
Algo que é dito quando se quer muito algo.

Jeju Island

Substantivo. "Bela Ilha Na Parte Mais Meridional Da Coreia"
Uma bonita ilha na parte mais meridional da Coreia. É um destino de férias de alto nível não só para os coreanos, mas também para muitos estrangeiros que visitam a Coreia. Nos dramas coreanos, os personagens masculinos ricos frequentemente têm personagens femininas lá, seja para ter um momento íntimo ou para impressionar.

즐 Jeul

(jŭl)

Frase. "O que seja"
Um termo derivado de um adjetivo "즐거운" *jeul geo un* ("divertido, entretido"), que utiliza-se em expressões como "즐거운 게임 하세요" *juego geo un game ha se yo*". Entretanto, o termo abreviado evoluiu para converter-se em uma maneira de terminar uma conversa. Quando você diz isso a alguém, você expressa sua intenção de não querer participar de outra conversa com a pessoa, semelhante a dizer "tenha um ótimo dia, senhor".

지못미 Ji Mot Mi
(ji-mon-mi)

Substantivo. "Desculpe, Não Pude Te Salvar"

Uma abreviatura de "지켜 주지 못해" *ji kyeo joo ji mot hae* (não pude salvar-te) "미안해" *mi an hae* ("desculpe"). Utiliza-se principalmente quando alguém parece engraçado (isto é, feio engraçado) em uma imagem (por exemplo, um retrato de um momento feio). Você o sente porque 1) Não podia fazer uma imagem melhor 2) não estavam disponíveis para Photoshop 3) Sente-se mal porque a pessoa é feia.

지름신 Ji Reum Shin
(ji-rŭm-shin)

Substantivo. "Comprador Impulsivo)

Uma palavra composta composta de "지름" *ji reum* ("compra de impulso") + "신" *shin* ("deus") = "deus da compra por impulso". A gente usa essa divindade imaginária como um bode expiatório para culpar a sua falta de força de vontade (impulsividade incontrolável) como se sua decisão de compra fosse resultado de um ato inevitável de Deus (intervenção divina). Em geral, vem aos seus sentidos ao receber sua declaração de cartão de crédito.

집 Jib
(jip)

Substantivo. "Álbum De Grande Duração", "Casa"

Um termo para 1) O álbum completo de um grupo, que, em geral, contém mais de 10 músicas, enquanto que outras obras contém menos que isso (isto é, "mini" álbum, "digital single", etc.).".

직찍 Jik Jjik
(jik-tchik)

Frase. "Foto/ Vídeo Feito Por Mim"

Uma abreviatura de "직접" *jik jeop* ("pessoalmente") "찍음" *jjik eum* ("tirar"). Para disparos de celebridades, é um produto de paixão dos fãs verdadeiramente ciumentos, já que passam inumeráveis dias para olhar ao redor de seu "bias", ou é o resultado de pura sorte. Também pode usar isto para qualquer foto/ vídeo que tirou pessoalmente e tem todos os direitos relacionados com o produto final.

진상 Jin Sang
(jin-sang)

Substantivo. "Obsceno"

Alguém que tem temperamento e queixa-se das coisas mais triviais. É similar à "rainha do drama", mas, em sua maioria, refere-se aos clientes que afirmam favores indignantes (por exemplo, obrigar a loja a aceitar a devolução de um produto não retornável) porque creem que são o chefe.

짜가 Jja Ga
(tcha-ga)

Substantivo. "Falsificação"

"가짜" *ga jja* ("falso") soletrado para tras, mas frequentemente utiliza-se para se referir a um produto falsificado.

짱 Jjang (Zzang)
(tchang)

Substantivo. "O Melhor"

Uma palavra que apareceu entre a população mais jovem na década de 1990, que foi amplamente utilizado entre todas as gerações recentemente. Entretanto, não utiliza-se em meios formais/ oficiais, como nas notícias televisivas.

찌질이 Jji Jil I
(tchi-ji-ri)

Substantivo. "Nerd", "Fracassado"

Utiliza-se para descrever alguém que é bom para nada, inútil ou patético. Na configuração do K-Drama, estes personagens frequentemente convertem-se em um "ganhador", muitas vezes por meio de uma revisão geral que desperta o herói interior (por exemplo, humilhado por ser esmagado ou uma experiência próxima da morte).

찌라시 Jji Ra Shi
(tchi-ra-shi)

Substantivo. "Tablóide"

Um estilo de jornalismo que se concentra em questões sensacionalistas (isto é, histórias de crimes violentos e fofocas de celebridades) com a finalidade de diferenciar-se de outros meios de comunicação. Apesar disso, frequentemente os temas sensacionalistas sempre encontram uma parte significativa de leitores que disfrutam de histórias que não podem ser encontradas em outros lugares.

좋아요 Jo A Yo
(jo-a-yo)

Frase. "Gosto"
Refere-se ao botão "curtir" ou "coração" do Facebook e Instagram, que serve como reforço de autoestima para muitos.

조공 Jo Gong
(jo-gong)

Substantivo. "Dar Presentes Ao Seu Ídolo"
O significado original é "prestar homenagem", mas no linguajar de KPOP, refere-se ao ato de dar presentes a um "bias".

조낸 Jo Naen
(jo-naen)

Adjetivo. "Maldito/ Puto"
Originado por um erro de digitação de "존내" *jon nae* ("maldito/puto"), um advérbio costumava enfatizar algo que foi dito.

존예/존잘 Jon Ye/Jon Jal
(jon-nye/jon-jal)

Substantivo. "Jodiamente Bonita/ Bonito"
Uma abreviatura de "존나" *jon na* ("jodiamente") + "예쁘다" *ye peu da* ("bonita") / "잘 생겼다" *jal saeng gyeot da* ("bonito").

주장미 Joo Jang Mi
(ju-jang-mi)

Frase. "Vista Prévia Do Episódio"
Uma abreviatura de "주요" *joo yo* ("importante") "장면" *jang myeon* ("cenas") "미리 보기" *miri bogi* ("para ver de antemão"). É uma característica

útil se não tens muito tempo para ver um episódio completo, mas também pode ser um *spoiler*.

JYP

Substantivo. "Jin Young Park"

Essas são as iniciais de Jin Young Park, um dos artistas de música mais bem-sucedido e influentes da Coreia. Também é o presidente da companhia de entretenimento JYP Nation.

JYP Entertainment

Substantivo. "Uma Das Três Grandes Empresas De Entretenimento"

Uma das três grandes empresas de entretenimento da Coreia. Seus artistas incluem Wonder Girls, GOT7, miss A, 2 AM e 2 PM.

카톡 Ka Tok
(K'a-t'ok)

Substantivo. "Aplicativo De Mensagens Utilizada Praticamente Por Todos Os Usuários De Smartphones Coreanos"

Refere-se ao Kakaotalk, um aplicativo de chat/ mensagens que mantém a posição dominante na Coreia. É o meio de comunicação mais utilizado hoje em dia.

칼퇴 Kal Toe
(K'al-t'oe)

Substantivo. "Deixa O Trabalho Em Tempo"

Uma abreviatura de "칼" *kal* ("faca") "퇴근" *toe geun* ("sair do trabalho"). Literalmente significa "sair do trabalho a tempo, afiado como uma faca". É o que os trabalhadores de escritório coreanos sonham, mas na realidade, frequentemente encontram-se trabalhando durante a noite.

감사합니다 Kamsa Hamnhida
(Gamsahamnida)

Frase. "Agradecimento (formal)"

Maneira formal de dizer obrigado, o que equivale a dizer "o valorizo".

케바케 Ke Ba Ke
(K'e-ba-k'e)

Frase. "Caso Por Caso"

Uma abreviatura de uma frase em inglês, que significa "os resultados podem variar dependendo da situação". Utiliza-se com frequência com o termo "sa ba sa". Ao dar conselhos a alguém, assegure-se de mencionar isto, para que não seja responsável por qualquer resultado inesperado.

키보드 워리어 Keyboard Warrior

Substantivo. "Alguém Que Expressa A Raiva/ Ódio Na Internet"

Os indivíduos que mostram mal gênio através de comentários maliciosos, cyberbullying, etc., principalmente porque são incapazes de o fazer na vida real e na internet é proporcionado o anonimato.

김떡순 Kim Tteok Soon
(kim-ttŏk-sun)

Substantivo. "Kimbab, Tteokbokki, Soondae"

O trio mais popular dos alimentos de rua coreanos, tão populares que são abreviados para parecer o nome de uma pessoa real.

김치 Kimchi
(Kim-chi)

Substantivo. "A Comida Coreana Mais Representativa"

Tradicional prato coreano fermentado, feito com verduras como baechu (repolho napa) com uma variedade de temperos. O Kimchi mais representativo é baechu Kimchi. Este prato forte e picante fermentado, feito com verduras e com uma variedade de temperos tornou-se uma parte inseparável do estilo de vida coreano, até o ponto onde a gente o vê como parte de sua identidade.

Interjeição. "Digam Whisky"

Uma palabra que dizes para induzir um sorriso ao tirar uma foto, semelhante a dizer "cheese" em inglês.

킹왕짱 King Wang Jjang
(k'ing-wang-tchang)

Interjeição. "O Melhor Do Melhor"
Uma palabra composta composta de "King + 왕 *wang* ("rei") + 짱 *jjang* ("o melhor")". Um conjunto de três superlativos absolutos, portanto, é o melhor possível em todo o universo.

킹카/퀸카 Kingka / Queenka

Substantivo. "Homem Quente/ Mulher Quente"
Um homem quente/ mulher quente que não só é bom, mas também rico (a) e bem educado (a).

깝 Kkab
(kkap)

Substantivo. "Agindo Louco e Muito Enérgico"
Jargão para alguém que está agindo como louco e muito enérgico até o ponto onde se pensa que são loucos. Jo Kwon de 2 AM popularizou este termo com seus movimentos de dança chocantes, ganhando o nome "Kkbab Kwon".

깜놀 Kkam Nol
(kkam-nol)

Frase. "Surpreso"
Uma abreviatura de "깜짝 놀라다" *kkam jjak nolada* ("muito surpreendido"). Este é o tipo de resposta que terías si tu "bias" favorito anunciasse a aposentadoria.

꽐라 Kkwal La
(kkwal-la)

Substantivo. "Embebedar-se"
É o estado de estar seriamente embriagado. Há uma hipótese que se relaciona com os ursos koala porque comem folhas de eucalipto, que crê-se que contêm produtos químicos similares ao álcool. Então, diz-se que os ursos koala estão sempre bêbados e passam a maior parte de seu tempo dormindo.

콩다방 Kong Da Bang
(k'ong-da-bang)

Substantivo. "Coffee Bean"
Uma palabra composta para "콩" *kong* ("feijão") + "다방" *da bang* ("cafeteria, casa de chá"). Esta é outra franquia grande de café, junto com Starbucks, onde a gente voluntariamente gasta mais por uma xícara de café que faríamos no almoço.

콩가루 Kong Ga Ru
(k'ong-ga-ru)

Substantivo. "Família Cheia De Problemas"
O significado literal é "família de pó de feijão", mas usa-se figurativamente para descrever uma família tão instável e frágil, que, quando o ar sopra próximo a ela, tudo se desmoronará e se desmoronará igual ao pó de feijão. É uma das famílias mais estereotipadas no mak jang (drama com linhas irrealistas e extravagantes), dramas coreanos.

Leader

Substantivo. "O Membro Que Está A Cargo De Supervisionar O Grupo"
Um membro de um grupo ídolo que está no cargo de organizar e administrar os outros membros. Apesar de não ser em todos os casos, usualmente o mais velho dos membros do grupo assume essa função.

이수만 Lee Soo Man
(i-su-man)

Substantivo. "O Fundador e Presidente da SM Entertainment"

리즈시절 Leeds Si Jeol
(ri-jŭ-shi-jŏl)

Substantivo. Adjetivo. "Pináculo"
Na época em que Ji Sung Park e Alan Smith eram companheiros de equipe no Manchester United (Premier League English Football Club). Nesse momento, Alan Smith não estava recebendo tantas oportunidades de jogo

como feito em Leed United Football Club quando estava em pleno auge. Por essa razão, "durante seus dias no Leeds" converteu-se no sinônimo de "os melhores dias de alguém".

레전설 Legen Seol
(re-jŏn-sŏl)

Substantivo. "Figura Legendária"
레전드" *legend* ("legenda") e "전설" *jeon seol* ("legenda") combinam-se como uma palabra só para que soe elegante, porque "*gen*" de "legenda" e "*jeon*" de "jeon seol" soam igual.

립싱크 Lip Sync

Substantivo. "Fingindo Cantar"
É o ato de fingir cantar, enquanto que simplesmente combina os movimentos dos lábios a vozes pré-gravadas. É uma bênção para muitos que carecem de talento para cantar.

로케 Locae
(ro-k'e)

Substantivo. "Filmar No Lugar"
A prática de filmar no cenário real ou lugar em que tem espaço uma história em vez de um cenário criado para imitar os ambientes da localização.

러브콜 Love Call

Substantivo. "Oferta"
É o ato de pedir a alguém para que apareça em um show ou estrele em um filme/ CF.

Love Line

Substantivo. "Mapa De Relações Amorosas Entre Personagens Nos Dramas Coreanos"
Um mapa de relações complicadas entre personagens de dramas coreanos. Por exemplo, se Soomi e Tak estivessem passando por algo e finalmente decidem converter-se em um casal, então simplesmente formaram uma linha de amor.

맹구 Maeng Goo
(maeng-gu)

Substantivo. "Abdominais Perfeitos"
Termo para descrever uma região abdominal marcada de um corpo masculino. A região abdominal altamente desenvolvida e rasgada assemelha-se ao
alfabeto M.

맹구 Maeng Goo
(maeng-gu)

Substantivo. "Idiota"
O nome de um personagem cômico de uma comédia do anos 90 extremamente popular, mais conhecido por sua tolice. Desde então, o nome converteu-se ao sinônimo de "alguém tonto".

막장 Makjang
(mak-jang)

Substantivo. "Drama Coreano Com Histórias Loucas"
Jargão para algo que não pode piorar. É amplamente utilizado para descrever os dramas coreanos que têm sérios, extravagantes e irrealistas (por
exemplo, segredos de nascimento, adultério, acidentes, perdas de memória,
doença fatal, etc.) até o ponto em que se tornam ridículos. Entretanto, atrai
um número significativo de fãs, devido a sua natureza aditiva, o desenvolvimento rápido e as voltas surpreendentes da trama.

막내 Maknae
(mak-nae)

Substantivo. "O Membro Mais Jovem De Um Grupo"
É o membro mais jovem de um grupo de ídolos que é frequentemente o
centro do jogo. Também assume o papel de cuidar de pequenos favores e
tarefas para o grupo.

말도안돼 Maldo Andwae
(mal-do-an-dwae)

Frase. "Absurdo!"
Literalmente significa que "nem sequer tem sentido". Pode ser utilizado

como uma rejeição quando alguém pede um favor chocante ou como uma exclamação quando algo mais além da crença realmente sucede.

MAMA

Substantivo. "Mnet Asian Music Awards"

Um evento anual e um dos principais eventos de premiação KPOP organizado por CJ E & M através de sua filial Mnet, na qual participam também muitos atores e celebridades da China, Hong Kong, Japão e Taiwan.

만렙 Man Leb
(mal-lep)

Substantivo. "O Nível Mais Alto"

Uma abreviatura de uma palavra composta por uma palabra chinesa "만" *man* ("completo") e uma palabra inglesa "레벨" *level* ("nível"), abreviada e pronunciada como "렙" *leb*. Refere-se a alguém que alcançou o estado mais alto em um campo como um jogo em linha.

Manner Hands

Substantivo. "Tratando De Não Tocar Em Alguém Enquanto Tira Uma Foto Juntos"

Um ato amável e considerado o qual em que a mão de homem se detém brevemente, com a intenção de não fazer contato com os ombros ou com a cintura de uma mulher. Também é conhecido como "mãos de voo", enquanto a mão literalmente paira sobre a área.

Manner Legs

Substantivo. "Abaixar-se Para Igualar Á Altura De Outra Pessoa"

Um ato amável e considerado para adaptar a diferença de altura. Em geral, o homem mais alto estica suas pernas de lado enquanto está em pé, abaixando-se, assim, para chegar a uma meta mutuamente desejada (por exemplo, beijar, abraçar, etc.).

맛있어 Mashisso
(ma-shi-ssŏ)

Interjeição. "Delicioso"
Literalmente significa "delicioso", mas também pode-se utilizar como uma expressão de euforia ao comer algo que agrade ao paladar.

맞선 Mat Seon
(mat-sŏn)

Substantivo. "Data Formal Do Cego Organizada Pelos Pais"
Um encontro às cegas formal preestabelecida pelos pais. No dramas coreanos, os pais usualmente usam esta tática para romper uma relação porque pensam que a garota (que normalmente provém de uma família pobre) não é suficientemente boa para seu filho.

마음 Maum
(ma-ŭm)

Substantivo. "Mente"
Refere-se à personalidade/ característica com a qual uma pessoa nasceu originalmente, mas também pode significar suas emoções.

Melo

Substantivo. "Melodrama"
Um emocionante gênero de Korean Drama que está repleto de acontecimentos emocionantes/ tristes e atuação exagerada. Não se limita às histórias de amor, mas também inclui vários temas como a vingança, o êxito e o perdão.

멜론 Melon

Substantivo. "Serviço De Transmissão De Música"
Um serviço de transmissão de música baseado na internet, onde pode-se escutar música por uma tarifa.

멘붕 Men Bung
(men-bung)

Substantivo. "Ruptura Mental"
É o estado psicológico do caos total, que é causado por algo completamente mais além da crença.

멘트 Ment

Substantivo. "Um Flerte"
Originado da palabra "comentário", mas na Coreia refere-se a algo doce e encantador que se diz para seduzir o sexo oposto.

먹튀 Meok Twi
(mŏk-t'wi)

Substantivo. "Fazer Um Sinpa"
Utiliza-se para descrever um contrato pago em excesso, especialmente nos esportes, onde um jogador mostra um nível de rendimento baixo depois de fechar um contrato de superprodução. No negócios, refere-se a uma entidade que não cumpre plenamente os termos mutuamente acordados depois de fechar um contrato e assegurar sua parte do dinheiro.

미쳤어 Mi Chyeo Sso
(mi-ch'yŏ-ssŏ)

Frase. "Louca"
Uma expressão usada para descrever várias emoções como supresa, alegria, raiva, dependendo da situação.

미존 Mi Jon
(mi-jon)

Substantivo. "Ladrão De Cena"
Uma abreviatura de "미친" *mi chin* ("louco") "존재감" *jon jae gam* ("presença"). Refere-se a alguém com uma beleza avassaladora ou carisma, que fez anões de todos ao seu redor.

미남/미녀 Mi Nam / Mi Nyeo
(mi-nam/mi-nyŏ)

Substantivo. "Homem Bonito/ Mulher Bela"
Uma palabra composta composta de duas palavras chinesas - "미" *mi* significa "belo" "남" *nam* significa "homem" y "녀" *nyeo* significa "mulher".

미안해 Mianhae
(mi-an-hae)

Frase. "Desculpe"
Maneira informal de dizer "desculpe". Só pode-se utilizar entre pessoas com intimidade emocional, como amigos e familiares. Uma pessoa mais velha pode dizer isto a uma pessoa mais jovem se a diferença de idade é ampla (por exemplo, um avô a um neto). Acrescentar "me" o torna mais formal.

밀당 Mil Dang
(mil-dang)

Substantivo. "Tração Psicológica Da Guerra"
Uma feroz guerra psicológica que só tem lugar entre os casais, já que tratam de proteger seu ego e com a esperança de assegurar a maior parte da relação. Nem todo mundo é bom neste jogo e se não se joga bem, a corda pode se ajustar e regredir.

민낯 Min Nat
(min-nat)

Substantivo. "Rosto Sem Maquiagem"
Sinônimo de 쌩얼 *saeng eol.*

미니 앨범 Mini Album

Substantivo. "Álbum Que Contém Cerca de ½ Ou ⅓ Das Músicas De Um Álbum De Grande Duração"
Um pequeño álbum que contém menos de 10 músicas, mas mais de uma "conhecido como um "Single Album"). Em geral, inclui remixes e versões

instrumentais das músicas.

미워 Miwo
(mi-wǒ)

Frase. "Te Odeio"
Uma maneira linda de dizer "te odeio".

목소리 Mok So Ri
(mok-so-ri)

Substantivo. "Voz"
Também pode ser usada figurativamente para referir-se à opinião ou afirmação de alguém.

몰카 Mol Ca

Substantivo. "Câmera Oculta"
Uma abreviatura de 몰래 *mol lae* ("secretamente") + 카메라*camera* ("câmara"), referindo-se ao ato de filmar alguém sem o conhecimento dessa pessoa. O termo se originou no popular programa de comédia televisiva "Ilyoil Ilyoil Bam Ae", onde Lee Kyung Kyu, um comediante famoso, instalou uma câmera escondida para ver como as celebridades reagiriam frente a uma situação hilária. O termo foi utilizado com mais frequência para descrever as atividades ilícitas e uma grande quantidade de celebridades foram vítimas de tais crimes (isto é, uma fuga de uma cinta sexual).

몰컴 Mol Com

Substantivo. "Uso Secreto Do Computador"
Uma abreviatura de "몰래*mol lae* ("secretamente") 컴퓨터*computer* ("computador"), o que significa usar secretamente seu computador, quando não se supõe que (por exemplo, depois de deitar-se). Você se envolve nesta atividade emocionante depois de assegurar-se de que seus pais estão completamente dormindo. Com o tempo, o zumbido do seu computador se sente como o som mais forte em todo o universo e o tempo que demora a começar completamente se sente como uma eternidade.

몰라 Mola
(mol-la)

Frase. "Não Sei"
Pode-se utilizar para evitar responder certas perguntas que podem causar vergonha.

몸짱 Momzzang / Momjjang
(mom-tchang)

Substantivo. "Pessoa Com Corpo Surpreendente"
Alguém com um corpo impressionante, geralmente musculoso para os homens e um corpo magro, bem tonificado para as mulheres.

무플 Moo Peul
(mu-p'ŭl)

Substantivo. "Não Há Comentários Recebidos (Por Algo Que Publicou Na Internet)"
Isto acontece quando as pessoas pensam que sua mensagem não vale a pena comentar ou é tão polêmico que não querem se envolver.

무대 Moodae
(mu-dae)

Substantivo. "Cenário"
É o lugar no qual cantores KPOP atuam.

모태 솔로 Motae Solo
(mo-tae-sol-lo)

Substantivo. "Só Para Siempre"
Uma palabra composta composta de "모태" *motae* ("dentro do útero") y "솔로" *solo*. É utilizada para referir-se a alguém que nunca ssaiu com ninguém e foi solteiro por toda sua vida.

MR

Substantivo. "Música De Fundo"
Um acrônimo para "Music Recorded (música gravada)". Refere-se à parte

musical de uma música. MR-removed significa deixar somente a parte vocal da música, que é um pesadelo para alguns, já que é a ferramente definitiva para medir as verdadeiras habilidades vocais de alguém.

문자 Munja
(mun-ja)

Substantivo. "Mensagem De Texto"
Método mais popular de comunicação na Coreia, especialmente entre a geração mais jovem, graças à ampla propagação dos *smartphones*.

Music Bank

Substantivo. "Um Programa Semanal De Música Ao Vivo De KBS"
Um programa semanal de música ao vivo de KBS (Korea Broadcasting System), onde anuncia-se um ganhador utilizando uma combinação de vários fatores, como as listas de música digital, as vendas de álbuns, o número de vezes que a música é reproduzida na TV/ Rádio.

MV

Substantivo. "Vídeo de Música"
Cada clipe musical tem um "tema" diferente segundo o "conceito" da música. Na indústia KPOP, uma grande parte do dinheiro da produção dedica-se à fabricação de vídeos musicais de grande qualidade.

뭥미? Mwong Mi?
(mwŏng-mi?)

Substantivo. "Que Diabos"
Um jargão para "Que Diabos?". Utiliza-se principalmente entre os adolescentes e os internautas na internet.

마이 스타일 My Style

Frase. "Meu Tipo"
Seu tipo ideal de pessoa.

네/아니요 Nae / Aniyo
(ne/a-ni-yo)

Substantivo. "Sim/ Não (formal)"
Maneira formal de dizer sim e não. "네" *nae* também pode-se utilizar para reconhecer alguém chamando ou hablando contigo.

내게로 와 Nae Ge Ro Wa
(nae-ge-ro wa)

Frase. "Vem A Mim"
Pedir que alguém seja 1) fisicamente ou 2) emocionalmente próximo do alto-falante. Se esta última significa "entrar em meu coração" e implica a intenção do emisor de capturar o coração do ouvinte. É, portanto, um feitiço poderoso, mas cruel que pode-se lançar sobre alguém que já está quase encantado.

내일 Naeil
(nae-il)

Substantivo. "Amanhã"
Este é o lugar imaginário onde se empilham todas as promessas vazias.

냉무 Naeng Moo
(naeng-mu)

Frase. "Fim Da Mensagem"
Uma abreviatura de "내용" *nae yong* ("conteúdo") "무" *moo* ("nada"). Seu homólogo inglês é EOM ("end of message" – fim da mensagem) utilizado na linha de assunto de uma publicação ou email para indicar ao leitor que não há nenhum conteúdo adicional para esperar.

낚시 Nak Si
(nak-shi)

Substantivo. "Enganar Alguém"
O significado literal é "pesca", originando da palavra inglesa "phishing". Utiliza-se para descobrir o engano usado para conseguir um resultado desejado (por exemplo, enganar). Também associa-se com a palavra "pesca", porque a pessoa que fica presa parece-se com um peixe atrelado. Isto é algo

a levar em conta no Dia dos Inocentes.

남친/여친 Nam Chin/Yeo Chin
(nam-ch'in/yŏ-ch'in)

Substantivo. "Namorado/ Namorada"
Abreviatura de "남자" *namja* ("homem / homem") 친구*chingoo* ("amigo") y "여자" *yeoja* ("mulher / mulher") 친구*chingoo* ("amigo"). Para algumas pessoas, são criaturas imaginárias, como um unicórnio, que não existem no mundo real.

남대문 Nam Dae Moon
(nam-dae-mun)

Substantivo. "Fecho De Calças"
Literalmente significa "Grande Porta do Sul", que refere-se a uma das quatro magníficas portas situadas ao redor da cidade de Seúl, mas porque a palavra 남 (nam) também significa "homem", figurativamente é utilizada para refirer-se à "Porta dos homens " = a zíper frontaç das calças (de um homem).

남사/여사 친구 Namsa/Yeosa Chingoo
(n nam-sa/yŏ-sa ch'in-'gu)

Substantivo. "Amigo/ Amiga"
Enquanto "남자 친구*namja chingoo*" e "여자 친구*yeoja chingoo*" significam namorado / namoradaa, 남사*namsa* y 여사*yeosa* são abreviaturas de 남자*namja* ("homem") *saram* ("humano") e "여자" *yeoja* ("mulher") 사람*saram* ("humano"). Portanto, utiliza-se para deixar claro que a pessoa a qual está se referindo é simplesmente um amigo que passa a ser desse gênero.

네이버 Naver

Substantivo. "O Todo Poderoso Portal Da Internet Da Coreia (Como Google E Yahoo)"
É o maior portal de Internet da Coreia. Proporciona uma quantidade de serviços, tais como pesquisas, compras, blogs, notícias, músicas, direções e assim sucessivamente. Sua presença é tão importante que a classifcação nos resultados de busca em tempo real do Naver é o sonho de muitos ídolos de KPOP.

넘사벽 Neom Sa Byeok
(nŏm-sa-byŏk)

Substantivo. "Algo Insuperável"
Uma abreviatura de "넘을 수 없는" *neom eul soo eop neun* ("não escalá-vel") 사차원의*sacha won eui* ("quarta dimensão") 벽 *byeok* ("parede"). Utiliza-se para descrever alguém ou algo que está além do controle de alguém (imbatível) ou o entendimento (incrível) e pode-se utilizar tanto como um elogio e como uma ridicularização.

Netizen

Substantivo. "Usuário De Internet"
Uma palavra composta de "Internet" e "cidadão". São notáveis por sua mentalidade de máfia onde deixam uma quantidade interminável de co-mentários negativos nos artigos de notícias, as vezes causando o fim de sua carreira ou, inclusive, guiar um suicídio.

뉴페 New Pe
(nyu-p'e)

Substantivo. "Novo Membro"
O significado literal de New MemIts é "New Face" 뉴 new ("novo") 페이스 pe i seu (face – cara – porque não há o som do F em coreano). Embora seja similar a "Newbie", não significa necessariamente que seja alguém sem esperteza. Refere-se a alguém que se une a um grupo pela primeira vez, independentemente de sua experiência.

뇌섹남 New Saek Nam
(noe-sek-nam)

Substantivo. "Homem Com um Cérebro Sexy"
Uma abreviatura de "뇌가" *noe ga* ("cérebro é") "섹시한" *sek si han* ("sexy") "남자" *nam ja* ("homem"). Utiliza-se para descrever um homem que é inteligente e engenhoso, fazendo-o atrativo interiormente. Portanto, alguém que não é bonito ainda assim pode ganhar esse título.

뉴비 Newbie

Substantivo. "Alguém Que Não Tem Experiência Em Um Campo/ Atividade Em Particular (Novato)"

Se um novo ídolo KPOP acaba de fazer uma estreia, ele/ela é um "newbie" na indústria da música e tem um montão de "sunbae" para mostrar respeito.

NG

Substantivo. "Ruim"

Uma abreviatura de "No Good". É o que o diretor/produtor diz durante uma filmagem de um filme ou um espetáculo quando um ator comete um erro (por exemplo, esquecendo sua fala ou explode em risadas). A porção é descartada e a cena é filmada novamente até que se consiga uma boa tomada.

노안 Noan
(no-an)

Substantivo. "Cara Que Parece Mais Velho Que A Idade Real"

Exatamente o contrário de 동안 *dong an*.

녹화방송 Nok Hwa Bang Song
(no-k'wa-bang-song)

Substantivo. "Espetáculo Pré-Gravado"

Uma palavra composta composta de "녹화" *nok hwa* ("gravação") + "방송" *bang song* ("emisão, difusão"). Este é o formato utilizado pela maioria dos programas de televisão, que tem um roteiro a seguir e no qual NG é necessário voltar a fazer.

놀토 Nol To
(nol-to)

Substantivo. "Sábado Livre"

O significado literal é "jogar no Sábado". O termo entrou em existência em 2012 quando as escolas públicas na Coreia adotaram um sistema escolar de cinco dias, fazendo do sábado um dia livre para o estudantes.

눈치 Noon Chi
(nun-ch'i)

Substantivo. "Tato", "Sentido Comum"
É uma habilidade social essencial que é uma combinação de vários elementos, como ser capaz de ler rapidamente as emocionantes dos demais e, consequentemente, fazer os ajustes necessários. Aqueles que não o podem se consideram uma ameaça potencial deviso a sua imprevisibilidade (por exemplo, falando da ex de alguém em seu casamento).

누나 Noona
(nu-na)

Substantivo. "Irmã Mais Velha"
Um termo usado exclusivamente por um homem mais jovem a uma mulher mais velha, mas não pode ser usado para um estranho, a menos que se dê permissão o há se estabelecido intimidade emocional suficiente. Entretanto, pode ser utilizado por um homem mais jovem para dirigir-se a uma mulher mais velha em uma relação.

누나 로맨스 Noona Romance

Substantivo. "Mulher Mais Velha Que Se Apaixona Por Um Indivíduo Mais Jovem"
Nos dramas coreanos, frequentemente começa com uma forte negação, mas finalmente termina quando a personagem feminina cede e aceita a realidade.

누나킬러 Noona Killer

Substantivo. "Homem Jovem Atraente Capaz De Fazer A Noona Cair Em Amor Com Ele"
Suas maiores armas são "aegyo" e "eye smiles".

노래 Norae
(no-rae)

Substantivo. "Canção"
Uma "canção" e o ato de cantar.

노래방 Noraebang
(no-rae-bang)

Substantivo. "Karaokê"
Um lugar onde muita gente vai para 2-cha ou 3-cha (segunda ou terceira rodada de beber e divertir-se). As pessoas vão lá para levar a cabo sua "festa animal". Normalmente, o destino final para um jantar de grupo empresarial.

누구 Nugu
(nu-gu)

Frase. "Quem?"
Utiliza-se para perguntar sobre alguém que não é conhecido, mas também é utilizado para olhar até embaixo para uma pessoa que quer fazer que se vejam pequenos.

오글 O Geul
(o-gŭl)

Frase. "Encolher-se"
O significado literal é "cruzando os dedos dos pés", que descreve a resposta natural do seu corpo a algo estimulado, tanto positivo quanto negativo (por exemplo, medo, vergonha, alegria, etc.). Em coreano, entretanto, isto se utiliza, exclusivamente, para descrever uma situação que faz com que vc se sinta envergonhado, sendo, portanto, uma expressão de aversão.

오징어 O Jing Eoh
(o-jing-ŏ)

Substantivo. "Cara Feia"

Literalmente, significa "lula", mas recentemente tem sido utilizado para referir-se a alguém muito feio, depois que uma anedota hilariante circulou na Internet. A história é assim: um casal foi a um filme protagonizado por Won Bin, que é um dos atores mais bonitos. Enquanto assistia ao filme, a mulher pensou que não era tão bonito. Depois do filme, entretanto, virou-se e olhou seu namorado e, de repente, tinha um "lula" sentado ao seu lado.

오바이트 Oba Iteu
(o-ba-i-t'ŭ)

Substantivo. "Vomitar"
Konglish para "over eat", mas utiliza-se para referir-se ao ato de vomitar.

오지랖 Oh Ji Rap
(o-ji-rap)

Substantivo. "Entrometimento"
Ser muito curioso e intruso, como fofocar sobre os assuntos alheios.

OME (Oh My Eyes)

Frase. "Algo Que Quer Evitar Ver"
Uma abreviatura de "oh my eyes!". Refere-se a algo horrível que você espera que não tenha que ver com os próprios olhos.

어제 Oje (Eoje)
(ŏ-je)

Substantivo. "Ontem"
É o lugar onde seus arrependimentos se empilham.

올드미스 Old Miss

Substantivo. "Mulher Que É Velha E Solteira"
Maneira indireta/ menos ofensiva de dizer "solteirona". Tenha em conta que isso é diferente de 돌싱 *dol sing*, porque refere-se a alguém que voltou a ser solteiro de novo através de um recente divórcio.

어머 Omo (Eo meo)!
(ŏ-mŏ)

Interjeição. "Não, Homem!"
Resposta espontânea que surge em momento incríveis, embaraçosos, surpreendentes e assustadores. Só é utilizado pelas mulheres e se é usado por um homem poderia ser suspeito de ser gay.

오나전 Ona Jeon
(o-na-jŏn)

Adjetivo. "Complamente"

Um erro tipográfico de "완전" *wan jeon* ("completamente"), que tem sido amplamente utilizado entre a geração mais jovem, porque soa divertido, mas também utiliza-se em conversações da vida real.

오늘 Onul (Oneul)
(o-nŭl)

Substantivo. "Hoje"

É o dia em que ontem disseste que faria coisas "amanhã".

오빠 Oppa
(o-ppa)

Substantivo. "Irmão Mais Velho"

Um termo usado por uma mulher mais nova para dirigir-se a um homem mais velho. Pode-se utilizar entre irmãos ou qualquer pessoa com intimidade emocional suficiente. Os meninos são conhecidos por ter amor em escutar isso das meninas mais jovens, já que dá a eles um sentido de superioridade. Muitas gartoas usam isto a seu favor, dirigindo-se a alguém oppa e pedindo favores, porque, geralmente, produz uma maior taxa de sucesso.

오크 Ork
(o-k'ŭ)

Substantivo. "Mulher Feia"

O nome de uma característica monstruosa, sem beleza, horrível que aparece em histórias de fantasia. Devido a seu corpo gigantesco e aspecto feio, frequentemente utiliza-se para desprestigiar às mulheres que são pouco atrativas.

OST

Substantivo. "Original Sound Track"

Uma canção composta e cantada especificamente para um drama ou um filme. Em geral, coloca-se como música de fundo durante cenas importantes, como quando o romance se desdobra de repente (por exemplo, beijos) ou ao final do programa com créditos de encerramento.

OLT

Chat Acrônimo. "Desanimado"
Emoticon que simboliza um homem ajoelhado com ambas mãos no chão, onde O é a cabeça, T é os braços e L é as pernas. É uma maneira simples, mas poderosa de transmitir emoções complexas.

어떡해 Otoke
(ŏ-ttŏ-k›ae)

Interjeição. "Oh Não!"
Pode traduzir-se como "O que devo fazer?". Também se usa para expressar susto, vergonha e confusão.

OTP

Substantivo. "One True Pairing"
Grupos mais favorecidos e preferidos das pessoas dentro de um grupo. Descreve duas pessoas que se dão muito bem entre si, independentemente do romance envolvido.

아웃오브안중 Out of An Joong
(a-u-do-bŭ-an-jung)

Frase. "Fora De Consideração"
"안중" *an joong* literalmente significa "nos olhos" para que se alguém ou algo está fora de "안중", ou "fora de vista", alguém ou algo não tenha importância.

P방 P Bang

Substantivo. "PC Bang (Café Internet)"
É uma maneira das crianças e adolescentes dizerem a palavra. É o lugar onde todas as almas pobres liberadas (isto é, estudantes) se reunem para disfrutar da sua liberdade. Sua liberdade, entretanto, terminas às 10PM, o momento em que a regra de "encerramento" se faz efetiva.

팔불출 Pal Bool Chool
(p'al-bul-ch'ul)

Substantivo. "Imbecil"

Literalmente alguém que nasceu um mês antes do tempo, mas é utilizado figurativamente para descrever alguém que é estúpido. Na vida real, também refere-se a um homem casado que se vangloria de sua esposa o tempo todo.

PD

Substantivo. "Diretor De Programa" "Produtor"

A pessoa que se encarrega da produção de um programa de televisão.

Pedo Noona

Substantivo. "Mulher Mais Velha Com Um Interesse Nos Ídolos Masculinos Mais Jovens"

Uma palavra composta de "pedófilo" e "noona". Refere-se a uma mulher mais velha com um interesse em um mais jovem, um ídolo masculino, de uma maneira inadequada, inclusive, sexual.

삐삐로 데이 Pepero Day
(ppe-ppe-ro de-i)

Substantivo. "Dia De São Valentim Em Novembro (11/11)"

11 de novembro, é o dia em que as pessoas trocam Peperos (pirulitos grandes de chocolate, cobertos com chocolate) porque os números parecem quatros palitos (11/11). Bem como é o Dia de São Valentim, mas muitos pensam que é apenas outro truque de marketing (e um insulto a todos o solteiros).

피켓팅 Picketing

Substantivo. "Difícil Competição Para Comprar Entradas Para Shows"

"피" *pi* ("sangue") + ticketing. Um termo utilizado para descrever a dificuldade e a brutalidade existente para que os fãs KPOP obtenham um ingresso para um programa de televisão na Coreia. Sua intensidade, portanto, se assemelha à de um campo de batalha.

핑프 Ping Peu
(p'ing-p'ŭ)

Substantivo. "Finger Princess (Princesa Dedo)"
Refere-se a alguém que senta o traseiro em frente a um computador durante todo o dia e conversa com todo mundo através do envio de mensagens de chat.

Plastic Prince

Substantivo. "Homem Bonito Que Conseguiu O Título de "Flower Boy" Através Da Cirurgia Plástica"

Plastic Surgery

Substantivo. "Alteração Cirúrgica Da Aparência Física"
Uma prática de modificar cirurgicamente a aparência física. Fazer as pálpebras curvarem, a frente mais completa, a reconfiguração do queixo e conseguir um trabalho no nariz estão entre os mais populares.

포샵 Po Shop
(p'o-syap)

Substantivo. "Photoshop"
É o software de edição de imagens/ gráficos de computador onipotente, transformam feio em bonito e fraco e gordo em um super modelo.

포장마차 Pojangmacha
(p'o-jang-ma-ch'a)

Substantivo. "Bar Ao Ar Livre Coreano"
Um bar de comida rua ao ar livre na Coreia, que é um pequeño lugar de lojas de campanha, que está nas ruas ou em um posto da rua. Vende-se uma variedade de alimentos de rua populares como tteokbokki, mandu e anju (aperitivos de bar). Nos dramas coreanos, este é um lugar onde as pessoas vão para afogar sua tristeza ou raiva nas garrafas de Soju. Outras cenas do clichê incluem empregados que fazem frente a seu chefe sobre algo ou alguém que fez "confissões bêbadas do amor" a um admirador secreta (com a ajuda do álcool!).

품절남/녀 Poom Jeol Nam/Nyeo
(p'um-jŏl-lam/nyŏ)

Substantivo. "Homem/ Mulher casada"

Uma palavra composta composta de "품절" *poom jeol* ("esgotado") + "남 / 녀" *nam / nyeo* ("homem / muher"). Refere-se a alguém que acaba de converter-se em um jogador/ participante não disponível no mercado de encontros.

PR

Substantivo. "Picture Request"

Termo utilizado no sites de fãs quando os usuários solicitam fotos de um ídolo ou de um evento específico.

Prince of Asia

Substantivo. "Lee Kwang Soo"

Um apelido originalmente dado ao ator e cantor Jang Geun Suk por sua esmagadora popularidade na Ásia (especialmente no Japão). Recentemente, Lee Kwang Soo tomou o título graças a um bem-sucedido programa de televisão, "Running Man", que é incrivelmente popular na Ásia (especialmente na China e Hong Kong).

Q_Q

Substantivo. "Chorando"

Um emoticon usado para simbolizar o choro.

레알 Rae Al
(rae-al)

Interjeição. "De Verdade"

Uma palavra inglesa pronunciada no estilo espanhol, como o time de futebol espanhol Real Madrid é muito popular na Coreia. Também pode ser usada para expressar surpresa ou para afirmar que algo é genuíno ou certo.

Rainism

Substantivo. "Qualquer Coisa Que É Influenciada Ou Tocada Pela Rain (Bi)"

É o título da música do cantor coreano Bi (Rain). Utiliza-se para descrever qualquer coisa que seja influenciado ou tocado por ele, ou o ato de alguém que tenta imitá-lo.

Red Sun

Interjeição. "Hipnose"
Popularizado por um hipnotizador coreano que disse isso a seu cliente enquanto induzia a hipnose. Por essa razão, qualquer alguém diz isto, finge-se que está hipnotizado (apenas por diversão).

Repackaged Album

Substantivo. "Álbum Completo Que Volta A Ser Publicado Com Uma Nova Capa"
Um álbum completo que volta a ser publicado com a adição de uma nova capa, junto com outras bonificações e remixes.

Rookie

Substantivo. "Novato"
Um ator, ídolo ou grupo que estreou recentemente na indústria do entretenimento, independentemente da idade.

S Line

Substantivo. "Corpo Feminino Curvilíneo"
Um corpo feminino curvilíneo. Quando está parado de lado, a forma do corpo com um peito volumoso, um abdômen plano e curvilíneo atrás se assemelha à letra latina S.

S.K.

Substantivo. "South Korea"
É o lugar de nascimento do KPOP, dramas coreanos, Hallyu (onda coreana), Kimchi, Bibimbap, Bulgogi, Aegyo, etc. Para muitos estrangeiros que conhecem a Coreia do Sul apenas pelos meios de comunicação, vê-se como um país onde a guerra é iminente (contra Coreia do Norte), todo mundo bebe das garrafas de soju todos os dias, canta como um profissional no Karaokê e tem uma faixa preta no Taekwondo.

사바사 Sa Ba Sa
(sa-ba-sa)

Abreviação. "Diferente De Pessoa A Pessoa"
Uma abreviatura de "사람" *saram* ("pessoa") por사람*saram*. Isto é seme-lhante a "Caso por Caso".

사이다 Sa I Da
(sa-i-da)

Substantivo. Adjetivo. "Como É Bom!"
O contrário de "고구마" *go gu ma* ("uma situação sufocante / alguém que é insensível ou lerdo"). Originou-se da palavra "Saida", um refrigerante coreano similar ao Sprite ou &UP, porque ao beber, você se sente renovado. É um poderoso antídoto para 고구마.

사랑해 Sa Rang Hae
(sa-rang-hae)

Frase. "Te Amo"
É, provavelemente, a frase mais falada (abusada) nas canções do KPOP e dramas coreanos.

생방송 Saeng Bang Song
(saeng-bang-song)

Substantivo. "Transmissão Ao Vivo"
Uma palavra composta que consiste em "생" *saeng* ("viva") + "방송" bang song ("emissão, difusão"). É um formato utilizado pelos principais progra-mas de música semanais (por exemplo, Music Bank). Devido a que tudo é realizado ao vivo, os erros comentidos no cenário serão transmitidos sem editar. Isto é algo de que muitos ídolos com uma voz fraca tem medo, mas é uma grande oportunidade para aqueles com vozes superiores, para demosn-trar seu talento.

생얼 Saeng Eol
(saeng-ŏl)

Substantivo. "Rosto Sem Maquiagem"
"생" *saeng* significa "nu", e 얼*eol* é uma abreviatura de "얼굴" *eol gool*,

"rosto", daí "rosto nu". Para algumas meninas, este é o seu pior pesadelo.

생파 Saeng Pa
(saeng-p'a)

Substantivo. "Festa De Aniversário"
Uma abreviatura de "생일" *saeng il* ("aniversário") "파티" *party* (festa).

생선 Saeng Seon
(saeng-sŏn)

Sustantivo. "Presente De Aniversário"
Acrônimo para "생일" *saeng il* ("aniversário") "선물" *seon mool* ("presente"). É amplamente utilizado por adolescentes porque soa divertido (porque também significa "peixe").

쌩유 Saeng You
(ssaeng-yu)

Frase. "Obrigado"
Uma divertida variação de "obrigado", que foi utilizada por um comediante, Yoo Jae Seok. Em vez de pronunciar o "th" de som, substituiu com um forte som de S.

사극 Sageuk
(sa-gŭk)

Substantivo. "Drama Histórico Coreano"
Um drama coreano histórico estabelecido em um período anterior à Coreia moderna do dia (dos 1900's).

삭발 Sak Bal
(sak-bal)

Substantivo. "Barbear A Cabeça"
Algo que os ídolos masculinos devem fazer antes de juntar-se ao militares para sua obrigação militar. É um momento emocionante, porque cortar o cabelo significa desconexão do mundo exterior.

삼촌팬 Samchon Fans
(sam-ch'on-p'aen)

Substantivo. "Fãs Tio"
Refere-se aos fãs demográficos (de 30 a 40 anos) que seguem os ídolos dos grupos femininos. São conhecidos por sua capacidade de gastar mais em *jo gong* ("homenagem") porque a maioria deles tem um trabalho a tempo concluído.

상남자 Sangnamja
(sang-nam-ja)

Substantivo. "Homem Macho"
Um homem que possui as características masculinas estereotipadas, como a força física, determinaçao mental e instintos paternos, em contraste com os "flower boys".

사생 Saseng
(sa-saeng)

Substantivo. "Fã Obsecado Demais"
Os fãs excessivamente obsecados que se envolvem com comportamento indignante e, inclusive, perigoso até seus ídolos, incluindo persegui-los e entrando em suas casas. Comparam-se com perseguidores.

세젤예 Se Jel Ye
(se-jel-ye)

Substantivo. "Os Mais Belos Do Mundo"
Uma abreviatura de "세상 에서" *se sang e seo* ("no mundo") "제일" *je il* ("número um") "예쁜" *ye bbeun* ("bonito").

셀카 Selca

Substantivo. "Selfie"
Uma abreviatura de "self camera". É o ato de suspender a câmera e tirar uma de si mesmo. Com um pouco de retoque com um aplicativo de edição de fotos, pode converter-se em um 얼짱.

선수 Seon Soo
(sŏn-su)

Frase. "Jogador/a"
Literalmente significa "alguém que é altamente esperto em algo", como um atleta, mas também utiliza-se para referir-se a um "jogador" que flerta e é bom em seduzir alguém.

스샷 Seu Shot
(sŭ-syat)

Substantivo. "A Captura De Tela"
Uma abreviação para "스크린" *screen* "샷" *shot*. É o ato de capturar a imagem que é exibida na tela de um dispositivo (por exemplo, computador, *smartphones*, etc.).

샤방 Sha Bang
(sya-bang)

Adjetivo. "Deslumbrante"
Um termo usado para descrever a beleza radiante de alguém. Uma garota balança seu cabelo em câmera lenta, com uma espécie de luzes celestiais e um CG reluzente que a rodeiam, fazendo com que os queixos de todos caiam surpreendidos.

식신 Shik Shin
(shik-shin)

Substantivo. "Comilão"
Uma palavra composta composta de duas palavras chinesas: "식" *shik* ("comer") "신" *shin* ("deus" o "demônio"). Refere-se a alguém que mostra uma capacidade excepcional de devorar uma quantidade expressiva de alimentos com uma velocidade alta. Jeong Joon Ha do Infinity Challenge foi um famoso 식신.

심쿵 Shim Koong
(shim-k'ung)

Substantivo. Interjeição. "O Coração Batendo Rapidamente"
Uma abreviatura de "심장이" *shim jang i* ("coração") "쿵쾅" *koong kwang*

("som do coração batendo") = "o coração bate rapidamente". Esta é uma reação espontânea de seu sistema nervoso central que ocorre ao ver seu "bias".

신곡 Shin Gok
(shin-'gok)

<u>Substantivo. "Nova Canção"</u>
Uma palavra composta composta por duas palavras chinesas: 신 *shin* ("novo") 곡 *gok* ("canção"). É o assunto da antecipação extrema pelos fanboys/ garotas porque signifca que seus ídolos estão vindo de longe.

신의아들 Shine Adeul
(shi-nŭi-a-dŭl)

<u>Substantivo. "Alguém Que Está Isento Do Serviço Militar Obrigatório"</u>
"신의" *shin e* significa "Deus" y "아들" *adeul* significa "filho", por isso seu significado literal é "Filho de Deus". Utiliza-se para referir-se a alguém que está isento do serviço militar coreano obrigatório, especialmente por nenhuma razão aparente, mas através de diversos meios não disponíveis para o público em geral. Este "privilégio" é frequentemente abusado pelos ricos e poderosos (isto é, um membro da Assembleia Nacional, *chaebols* e assim sucessivamente) que causa muitos problemas sociais.

쇼케이스 Showcase

<u>Substantivo. "Atuação"</u>
Um termo que pode ser utilizado como um substantivo ou um verbo, refere-se aos cantores que se apresentam em público, com o fim de "mostrar" suas habilidades.

셧다운 Shut Down

<u>Substantivo. "Toque De Recolher Cibernético"</u>
Também conhecida como "Lei da Cinderela", é um regulamento que entrou em vigor em 2011. Proíbe aos meninos e meninas de 16 anos de idade ou menos jogar jogos online entre as 12:00 AM e as 6:00 AM.

싸인회 Sign Hwae
(ssa-in-hoe)

Substantivo. "Evento De Assinatura"
Um sonho feito realidade para os fanboys/ fangirls de KPOP porque é uma rara oportunidade de ver seu "bias" pessoalmente e são bem-vindos a trazer seus pertences por preconceitos de autógrafos.

신상 Shin Sang
(sin-sang)

Substantivo. "Novo Produto"
É especialmente perigoso para aqueles com um transtorno por impulsividade, ou alguém que quer ganhar o título de "os primeiros usuários" ou "os líderes de tendência".

Skinship

Substantivo. "Contato Físico"
Um Konglish para o "contato físico", como a unção das mãos, abraços, etc. "Manner hands (mãos rondando)" é o ato de evitar qualquer "skinship" desnecessário.

슬로건 Slogan

Substantivo. "Banner Com O Grupo Ou O Nome De Um Membro"
Uma toalha ou um cartaz, com o nome de um grupo ou um ídolo impresso nele. São fabricaods e vendidos pela empresa aque pertencem os ídolos, ou son feitos por fãs e distribuídos gratuitamente em shows para mostrar seu "suporte (apoio)" durante uma atuação.

Small Face

Substantivo. "Rosto Que É Pequeño Em Tamanho (Um Cumprido)"
É um cumprido já que crê-se que as faces mais pequenas fazem com que as partes se tornam bem definidas e, portanto, fotogênicas, e, ao mesmo tempo, dão uma aparência jovem.

SNS

<u>**Substantivo. "Redes Sociais"**</u>
Quando utiliza-se nos artigos de notícias, refere-se às contas de celebridades no Facebook, Twitter, Weibo, Instagram, etc.

소주 Soju
(so-ju)

<u>**Substantivo. "Bebida Alcoólica Coreana Tradicional"**</u>
Uma bebida alcoólica coreana tradicional feita destilando os grãos de amigo, tais como arroz, batatas ou mandioca. É a bebida mais popular entre os coreanos e é uma parte indispensável da vida coreana e dos dramas coreanos. A maior parte é engarrafada em garrafas verdes e é uma das bebidas mais vendidas no mundo.

속도 위반 Sokdo Wiban
(sok-do wi-ban)

<u>**Substantivo. "Engravidar Antes Do Casamento"**</u>
Uma palavra composta que consiste em "속도" *sokdo* ("velocidade") + "위반" *wi ban* ("violação"). Refere-se a um casal que está esperando um bebê antes de ser oficialmente casado. Isto foi algo considerado uma vergonha na Coreia no passado, mas na medida em que a sociedade tornou-se mais aberta e ocidentalizada, converteu-se em algo para facilitar. Em alguns cenários de drama coreano, os casais frequentemente escolhem usar a gravidez como alavanca para garantir a "aprovação do casamento" por seus pais (semelhante a um "casamento de escopeta").

솔까말 Sol Kka Mal
(sol-kka-mal)

<u>**Frase. "Falando Com Franqueza"**</u>
Uma abreviatura de "솔직히" *sol jik hi* ("honestamente") "까놓고" *kka not go* ("abertamente, publicamente") "말해서" *mal hae seo* ("falando"). Utiliza-se mais frequentemente na Internet que nas conversas da vida real.

썸남/썸녀 Some Nam / Some Nyeo
(ssŏm-nam/ssŏm-nyŏ)

<u>**Substantivo. "Alguém Com Quem Estás Saindo"**</u>

Derivado da palavra "something (algo)", refere-se a um homem ou uma mulher que tem "algo (romântico)" em curso com outro. Se você é um homem, teria "algum nyeo (mulher)", uma garota com a que tem saído, mas você não está saindo oficialmente com ela todavia. Portanto, só tens "algo (romântico)" sucedendo com ela.

수능 Soo Neung
(su-nŭng)

<u>Substantivo. "Vestibular"</u>
É o dia do juízo para todos os estudantes do terceiro ano do ensino médio, porque é o fator mais importante que as universidades consideram ao avaliar os inscritos. Sua importância é muito grande, até o ponto em que as ambulâncias de emergência e os carros da polícia estão em espera para transportar os estudantes que estão lutando para chegar ao local da prova a tempo.

Spazzing

<u>Substantivo. "Chocando"</u>
A reação natural do seu corpo quando está cercado de emoções extremamente fortes (alegria, emoção, etc.). Fanboys/ fangirls experimentam isto quando veem seu ídolo preferido pessoalmente. Frequentemente acompanham-se de gritos e, em casos extremos, desmaios.

스펙 Spec

<u>Substantivo. "Habilidades Profissionais"</u>
Originalmente derivado de "especificação", mas seu significado foi trocado para referir-se a "experiência profissional" e outras "atividades extracurriculares". Muitos jovens solicitantes de emprego gastam uma quantidade significativa de tempo e dinheiro para reforçar suas "especificações" (por exemplo, estudando em países estrangeiros para a formação lingüística), com o fim de ganhar competência no mercado de trabalho.

스포 Spo

<u>Substantivo. "Spoiler"</u>
Reduzido para "spoiler", que é o ato depreciável de revelar um aspecto previamente desconhecido de algo, e por isso, arruinando por completo a oportunidade de alguém para aprender e/ou disfrutar.

싸가지 Ssa Ga Ji
(ssa-ga-ji)

Substantivo. "Pessoa Grosseira Ou Egoísta"
Alguém cuja atitude é extremamente menosprezável para com os demais, até o ponto em que causa raiva.

쌍수 Ssang Soo
(ssang-su)

Substantivo. "Cirurgia De Duas Pálpebras"
Uma das cirurgias plásticas mais amplamente realizadas entre os coreanos que desejam que seus olhos pareçam maiores e mais definidos. Devido à simplicidade do procedimento, muitos nem sequer o consideram como "cirurgia", mas sim como um simples "realce da beleza".

싼티 Ssanti
(ssan-t'i)

Substantivo. "Sem Cultura"
Uma expressão de menosprezo, mas alguns ídolos a incorporaram para fazer parte de suas características únicas.

썩소 Sseok So
(ssŏk-so)

Substantivo. "O Sorriso Incômodo Não Vem De Prazer Genuíno"
Uma abreviatura de "썩은" *sseok eun* ("podre") "미소" *miso* ("sorriso"). É uma expressão facial que ocorre da incongruência entre seu corpo e mente, onde sua mente diz "merda!", mas seu rosto está sorrindo. Em geral, termina como um sorriso com apenas um canto da boca levantado.

Stage

Substantivo. "Lugar No Qual Os Ídolos Cantam E Dançam"
Quando combina-se com outra palabra, como "comeback (stage)", "goodbye (stage)", utiliza-se para significar "atuação" ou "evento".

Stan

Substantivo. "Fã Obsessivo"

Uma palavra composta feita de "stalker" e "fã". Descreve uma pessoa ansiosa e obcecada. Apesar do termo levar uma conotação negativa, não é tão ruim como saseng.

서브 유닛 Sub-unit

Substantivo. "Grupo De Projeto Menor Dentro De Um Grupo Maior"

Um grupo menor formou-se para seguir uma linha de mercado diferente, e ainda que normalmente se inclua membrom existentes, frequentemente agregam-se novos membro ao projeto.

선배 Sunbae
(sŏn-bae)

Substantivo. "Reitor De Um Determinado Campo"

Alguém com mais experiência ou tempo em um determinado campo, independente da idade. Como sunbae, assume a liderança e proporciona cuidado a seus hoobae.

서포트 Support
(sŏ-p'o-t'ŭ)

Substantivo. "Grandes Eventos De Fãs Para Apoiar Seus Bias"

Grandes eventos dirigidos pelos fãs de KPOP e grupos de fãs para mostrar seu amor. Os exemplos incluem a compra de lanche da tarde para os ídolos e para o pessoal ou ajudar a promover um drama ou um filme no qual aparecem os ídolos.

탈락 Tal Lak
(t'al-lak)

Substantivo. "Eliminação"

Termo utilizado com frequência em jogos de competição ou programas de televisão (por exemplo, programa concurso).

Talent

Substantivo. "Ator/ Atriz Dramático"

Um ator/atriz de drama (telenovela). Não utiliza-se para um ator/atriz de cinema.

팀킬 Team Kill

Substantivo. "Fogo Amigo"

Originário dos jogos FPS (first person shooter), onde um jogador dispara e mata um membro de sua própria equipe errôneamente. Em situações da vida real, refere-se a alguém dizendo ou fazendo coisas que causam danos a seu próprio grupo.

Teaser

Substantivo. "Artigos Em Promoção"

Usado geralmente pelas companhias de entretenimento antes da liberação completa de um álbum/ MV, feito para construir uma moda até o lançamento do próximo trabalho.

Teaser Pics

Substantivo. "Fotos Lançadas Por Empresas De Entretenimento Antes Da Estreia Oficial"

As fotos publicadas por empresas de entretenimento antes do lançamento de uma música/ álbum d eum ídolo/ grupo. Podem ser tiradas sozinhas ou em grupos que incoporem o tema de sua próxima obra.

특종 Teuk Jong
(t'ŭk-jong)

Substantivo. "Notícias Exclusivas"

Algo que todos os jornalistas e agências de notícias querem a cada dia, mas algo que os fanboys/ fangirls não querem, porque a maioria delas estão relacionadas com algo negativo, como seu "bias" se envolver em um crime ou a separação repentina do grupo.

타이틀 트랙 Title Track

Substantivo. "Música Principal De Um Álbum"

O ponto principal em um álbum. Esta é a canção que geralmente tem um clipe musical acompanhante e realiza-se em programas de música.

Trainee

Substantivo. "Aspirante A Ídolo KPOP"

Alguém que passa pelo treinamento vigoroso com um sonho para tornar-se uma estrela KPOP um dia. A formação pode durar até 10 anos antes que, finalmente, faça uma estreia, mas não é uma garantia – as empresas de entretenimento têm o direito de reprová-los se acreditarem que seus aprendizados não foram suficientes para tornar-se uma estrela KPOP.

Triple Crown

Substantivo. "Ganhar Três Semanas Em Uma Fila De Espetáculo De Música"

Ganha três semanas seguidas em um programa de música (por exemplo, Music Bank). Não é o mesmo que ganhar em três diferentes programas (por exemplo, Music Bank, Inki Gayo, M! Countdown) a mesma semana. Uma vez conseguido, a canção se extrai da carreira como # 1.

트로트 Trot
(t'ŭ-ro-t'ŭ)

Substantivo. "Gênero Da Antiga Música Coreana"

Comumente conhecido como "뽕짝" *ppong jjak* devido ao seu ritmo de fundo distintivo, é a forma mais antiga da música pop coreana. Uma vez considerado um gênero popular apenas entre os antigos temporizadores, mas graças aos esforços dos músicos contemporâneos (por exemplo, Jang Yoon Jeong, Dae Sung), tem uma considerável base de fãs entre a geração mais jovem também.

얼짱 Ulzzang (Uljjang)
(ŏl-tchang)

Substantivo. "O Mais Bonito/ Belo"
Literalmente significa "o melhor rosto", utiliza-se para descrever alguém com boa aparência. Novamente, é apenas o rosto que importa e nada mais, por isso, inclusive, se você tem sobrepeso e tem uma barriga grande, ainda assim pode ser um ulzzang se seu rosto for bonito.

엄친아/엄친딸 Umchin A / Umchin Ddal
(ŏm-ch›i-na/ŏm-ch›in-ttal)

Substantivo. "Alguém Que É Melhor Que Você Em Cada Aspecto"
Literalmente significa "filho da amiga da sua mãe/ filha". É alguém que é melhor que você em todos os aspectos, em um nível que duvida-se de sua existência. Muitas vezes é uma pessoa imaginária que sua mãe cria para fazer uma comparação com você, com a esprança de fazer com que se esforce mais.

엄마 Umma
(ŏm-ma)

Substantivo. "Mamãe"
Também é algo que você diz quando está assustado, semelhante a dizer "oh meu deus!".

언니 Unnie
(ŏn-ni)

Substantivo. "Irmã Mais Velha"
Um termo que uma mulher usa para dirigir-se a uma irmã mais velha, mas pode ser usado para dirigir-se a qualquer mulher mais velha com quem se partilha suficiente intimidade emocional. Também pode ser utilizado para dirigir-se a uma garçonete em um restaurante. Pode-se usar no lugar do nome de alguém.

V Line

Substantivo. "Linha Fina Da Mandíbula"

A forma de uma linha de mandíbula que assemelha-se à letra V. É cumprido porque simboliza uma linha fina da mandíbula que é um atributo associado com "rosto pequeño".

V.I.P

<u>Substantivo. "Clube De Fãs Oficial Da Big Bang"</u>
Nomeou-se depois de uma pista no seu segundo ábum solo. Os membros usaram apenas bastões de luz amarela coroada ou bandanas para "apoiar". Eles foram denominados como o "Melhor Fã" pela MTV Itália TRL Awards em 2012.

Visual

<u>Substantivo. "Aparência"</u>
Uma referência à aparência, mas, usualmente, o rosto.

비타민 Vitamin

<u>Substantivo. "Alma Da Festa"</u>
Também conhecido como "vírus feliz", refere-se a alguém que traz boas vibrações a um grupo.

왜? Wae?
(wae)

<u>Interjeição. "Por Que?"</u>
Uma expressão usada para confirmar a validade de algo. Também é algo que os casais dizem em dramas coreanos e filmes coreanos depois de separarem.

완소 Wan So
(wan-so)

<u>Adjetivo. "Mais Amado"</u>
Uma abreviatura de "완전" *wan jeon* ("absolutamente, completamente") + "소중" *so joong* ("precioso"). Usa-se em conjunção com outros substantivos (por exemplo, 완소 아템 *wan so atem* ("elemento super-raro"), 완소남 / 녀 *wan so nam / neyo* ("homem / dama mais adorável").

왕따 Wang Dda
(wang-tta)

Substantivo. "Marginal"
Alguém que foi rejeitado pela sociedade ou por um grupo social, o mais frequente ocorre na escola. Tornou-se um grave problema social, já que as vítimas jovens frequentemente decidem por fim a suas próprias vidas.

화이트 데이 Día Blanco

Substantivo. "O Dia Em Que Os Homem Retribuíram Os Presentes Recebidos No Dia De São Valentim Com Chocolate"
14 de março é observado como um dia em que os homens dão às mulheres chocolate, seja como um símbolo de reciprocidade aos presentes recebidos no Dia de São Valentim, ou para convidá-las para sair.

월요병 Wol Yo Byeong
(wŏ-ryo-byŏng)

Substantivo. "Santa Segunda" "Melancolia"
A substituição drástica do humor que alguém experimenta depois do fim de semana. Os sintomas incluem letargia, uma sensaçao de desesperança e uma completa falta de motivação.

우결 Woo Gyeol
(u-gyŏl)

Substantivo. "Uma Demosntração Popular Da Realidade Pela Mbc"
Shrot para 우리 결혼 했어요 *Woori Gyeolhon Haet Eo Yo* ("nos casamos"). É um reality show popular onde os ídolos/ celebridades estão casados até experimentarem como seria a vida se estivessem casados.

움짤 Woom Jjal (Um Jjal)
(um-tchal)

Substantivo. "GIF"
Uma abreviatura de "움직이는" *woom jik i neun* ("animado") "짤방" *jjal bang* ("uma foto junta a um fio do fórum para evitar a eliminação automática pelo sistema depois de ser falsamente marcada como uma "mensagem

vazia"). No reino do KPOP, geralmente é um clipe curto e animado dos ídolos, que fazem caras divertidas e movimentos de dança (por exemplo, "sexy dance").

World Star

Substantivo. "Uma Estrela KPOP Que É Popular Também Fora Da Ásia"
O título dado a uma celebridade KPOP que também é popular fora da Ásia.

X Line

Substantivo. "Pernas Longas E Magras Ligadas Por Uma Cintura Fina"
Assim é denominado porque a forma é semelhante à letra latina X.

야동 Ya Dong
(ya-dong)

Substantivo. "Vídeos Pornográficos"
Uma abreviatura de "야한" *ya han* ("sexy") + "동영상" *dong yeong sang* ("clipe de filme"). Frequentemente armazenam-se em uma pasta secreta de uma equipe com um nome que não tem nada a ver com seu conteúdo, para dissuadir o acesso de outras pessoas não desejadas.

야! Ya!
(ya)

Interjeição. "Oe!"
Utiliza-se para captar a atenção de alguém, mas não deve ser usado para dirigir-se a alguém mais velho.

양다리 Yang Da Ri
(yang-da-ri)

Substantivo. "Infiel"
Literalmente significa "duas (dupla) pernas" ou "duas (dupla) pontes" e figurativamente utiliza-se para referir-se ao ato de fazer uma armadilha para seu namorado/ namorada.

예능 Ye Neung
(ye-nǔng)

<u>Substantivo. "Entretenimento"</u>
Um gênero de programas de televisão (por exemplo, talk show, etc.) que é menos formal e divertido que outros programas (por exemplo, documentários, notícias, etc.). É uma grande oportunidade para os membros de um grupo, porque têm a chance de mostrar seus talentos únicos (por exemplo, impressão, canto, movimentos de dança, etc.) como indivíduos.

예헷 Yehet
(ye-het)

<u>Interjeição. "Tudo Bem!"</u>
É o som que Oh Sehun, um membro de EXO, faz para expressar alegria e satisfação.

여보 Yeo bo
(yǒ-bo)

<u>Substantivo. "Amor"</u>
Um termo que um casal utiliza para dirigir-se um ao outro.

여보세요 Yeo Bo Se Yo
(yǒ-bo-se-yo)

<u>Frase. "Bom (No Telefone) "Desculpe (Chamando A Atenção De Alguém)"</u>
Crê-se que é composto pelas palavras "여기" *yeogi* ("aqui") + "보세요" *bo se yo* ("por favor olhe") = *"Olha por favor aqui"*.

열도 Yeol Do
(yǒl-do)

<u>Substantivo. "Japão"</u>
Um termo da Internet utilizado principalmente pela geração mais jovem de internautas coreanos. Literalmente significa "arquipélago", que é o tipo de terreno que o Japao tem e como não há muitos países que são arquipélagos, os internautas simplesmente o usam para referir-se ao Japão. Usa-se mais frequentemente em forma de "열도의" *yeol do eui* ~ algo = "algo do

Japão". Por exemplo, "열도의 발명품" *bal myeong poom* ("invenção")" é "invenção do Japão ".

열공 Yeol Gong
(yŏl-gong)

Substantivo. "Estudando Tão Duro"

Uma abreviatura de "열심히" *yeol shim hi* ("duro, zelosamente") + "공부" *gong boo* ("estudo") = "estudar realmente duro".

열정페이 Yeol Jeong Pay
(yŏl-chŏng-p'e-i)

Substantivo. "Empregadores Que Exploram O Trabalho Dos Jovens"

O signficado literal é "pago da paixão", originou-se como uma sátira para criticar os patrões perversos que exploram os empregados jovens. A maioria das vítimas são, frequentemente, estagiários que se sentem afortunados de ter incluído uma oportunidade devido às difíceis condições de emprego na Coreia. Sabendo isso, os empregadores optam por pagar muito pouco ou nada pela contribuição do empregado. Racionalizam um ato deste tipo argumentando que devem trabalhar com paixão e não por dinheiro, já que estão aprendendo lições valiosas de forma gratuita.

열폭 Yeol Pok
(yŏl-p'ok)

Substantivo. "Complexo De Inferioridade"

Uma abreviatura de 열등감 *yeol deung gam* (sentimento inferior) + 폭발 *pok bal* (explosão, ruptura) = "ciúme/ explosão de inferioridade". Significa atuar de forma grosseira ou hostil para com alguém, devido à sensação de inferioridade.

연습 Yeon Seup
(yŏn-sŭp)

Substantivo. "Formação"

Alguém que é um aspirante KPOP ídolo deve passar antes de fazer uma estreia oficial, geralmente implica o canto, a dança e inclusive a formação é de atuação, dependendo do talento dessa pessoa.

연예인 Yeon Ye In
(yŏ-nye-in)

Substantivo. "Animador" "Celebridade"
Um "animador", também pode ser utilizar para referir-se a alguém que é publicamente bem conhecido.

용꿈 Yong Ggum
(yong-kkum)

Substantivo. "Símbolo De Sorte"
O dragão é considerado um animal santo na cultura coreana. Por isso, vê-lo em seus sonhos é considerado como um signo seguro da boa fortuna que vem. Muitos coreanos vão direto comprar um bilhete de loteria.

유혹 Yoo Hok
(yu-hok)

Substantivo. "Sedução"
A mãe de todos os problemas. Nos dramas coreanos, faz com que as "linha de amor" se emaranhem.

ㄱㄱ

Acrônimo De Chat. "Vamos"
Um acrônimo criado porque usa as consoantes iniciais da palavra "Go! Go!". Ganhou popularidade na medida em que os jogadores de e-sports começaram a usá-lo, quando tiveram que escrever intervalos de mensagens curtas para pressionar o moderador do jogo para iniciar o jogo. Quanto mais a palavra é escrita, mais poderosa torna-se a mensagem. Não deve-se usar com alguém que é mais velho ou que não tem nenhum sentido da proximidade contigo.

ㄱㅅ

Acrônimo De Chat. "Obrigado"
Uma sigla criada usando as consoantes iniciais da palavra "감사" *gamsa* ("apreço"). A pesar de que é uma maneira formal de expressar gratidão, a forma abrevisa só debe ser utilizada para dirigir-se a alguém muito próximo (isto é, amigos), já que pode parecer desrespeitoso com outros.

ㄴㄴ

Acrônimo De Chat. "Não Não"

Um acrônimo criado usando as consoantes iniciais da palavra "노노" *no no*. Utiliza-se para expressar desacordo ou rejeição. Também é sinônimo de "안돼" y wae. Não deve-se usar com alguém que é mais velho ou que não tem nenhum sentido da proximidade contigo.

ㄷㄷ

Acrônimo De Chat. "Estremecimento"

Um acrônimo criado usando as consoantes iniciais da palavra "덜덜" *deol deol*, um adjetivo que descreve o alto de tremer, causado pelo frio ou pelo medo.

ㅂㄷㅂㄷ

Acrônimo De Chat. "Tremendo De Raiva"

Um acrônimo criado usando as consoantes iniciais da palavra "부들 부들" *boo deul boo deul*. Não debe ser confundido com "ㅎㄷㄷ" ("estremecimento"), que é a reação do seu corpo ao frio ou ao medo.

ㅅㄱ

Acrônimo De Chat. "Despedida Suave"

Um acrônimo criado usando as consoantes iniciais da palavra "수고" *soo go* ("problema" / "esforço"). Além de seu significado literal, utiliza-se como uma maneira de dizer adeu, especialmente nos lugares de trabalho. Por exemplo, "수고 하세요" *soo go haseyo se yo* pode traduzir-se como "bom trabalho, siga assim". A forma abreviada, "수고" e seu acrônimo "ㅅㄱ", entretanto, nunca debe ser dito em acertos formais.

ㅅㅂ

Acrônimo De Chat. "Caralho", "Fodas"

Um acrônimo criado usando as consoantes iniciais da palavra "시 (씨)발" *si bal* ("caralho" ou "foder"). É mais frequentemente usado para por uma forte ênfase em algo que se disse, ou como uma resposta natural a uma situação surpreendente. Não se debe utilizar com alguém que é mais velho ou que não tem nenhum sentido a sua proximidade.

ㅇㅇ

Acrônimo De Chat. "O.K."

Um acrônimo criado usando as consoantes iniciais da palavra "응응" *eung eung* ("sim sim"). Utiliza-se para expressar acordo ou reconhecimento em uma conversa. Não deve-se usar com alguém que é mais velho ou que não tem nenhum sentido da proximidade contigo.

ㅇㅈ

Acrônimo De Chat. "Reconhecer"

Uma sigla criada usando as consoantes iniciais da palavra "인정" *in jeong* ("reconhecimento"). Utiliza-se para expressar acordo ou aprovação. Não deve-se usar com alguém que é mais velho ou que não tem nenhum sentido da proximidade contigo.

ㅈㅅ

Acrônimo De Chat. "Desculpe"

Um acrônimo criado usando as consoantes iniciais da palavra "죄송" *joe song* ("desculpe, minha culpa, arrependimento"). Não use esta abreviatura em uma situação séria, já que pode parecer falso.

ㅊㅋㅊㅋ

Frase. "Felicidades"

Uma sigla criada usando as consoantes iniciais da palavra "추카 추카", uma versão coloquial de "축하 축하" *chook ha chook ha* ("felicidades, felicidades "), mas nunca se debe utilizar com alguém mais velho, pois considera-se grosseiro. Debe-se utilizar a versão formal "축하합니다" *chook ha hap ni da*.

ㅋㅋㅋ

Acrônimo De Chat. "Hahaha"

Texto utilizado para expressar diversão.

www.ingramcontent.com/pod-product-compliance
Lightning Source LLC
Chambersburg PA
CBHW070541160726
48003CB00004B/1832